SE**LIGA**NESSA

Relacionamento

Você e suas relações pessoais

Dados Internacionais de Catalogação na Publicação (CIP)
(Jeane Passos de Souza – CRB 8ª/6189)

Tapajós, Ronaldo
Relacionamento: você e suas relações pessoais / Ronaldo Tapajós. – 2. ed. São Paulo : Editora Senac São Paulo, 2019. (Se Liga Nessa)

ISBN 978-85-396-2798-1 (Impresso/2019)
e-ISBN 978-85-396-2799-8 (ePub/2019)
e-ISBN 978-85-396-2800-1 (PDF/2019)

1. Relações pessoais 2. Interação social I. Título.

19-945t CDD-302.5
BISAC SOC000000

Índice para catálogo sistemático:
1. Interação social : Relações pessoais 302.5

SE**LIGA**NESSA

Relacionamento

Você e suas relações pessoais

2ª edição

Ronaldo Tapajós

Editora Senac São Paulo – São Paulo – 2019

Gerente/Publisher: Jeane Passos de Souza (jpassos@sp.senac.br)
Coordenação editorial/prospecção: Luís Américo Tousi Botelho (luis.tbotelho@sp.senac.br)
Márcia Cavalheiro Rodrigues de Almeida (mcavalhe@sp.senac.br)
Administrativo: João Almeida Santos (joao.santos@sp.senac.br)
Comercial: Marcos Telmo da Costa (mtcosta@sp.senac.br)

Supervisão editorial: Rose Zuanetti
Supervisão pedagógica: Maria Regina Prado
Revisão técnica: Denise Laura Soares da Anunciação e Regina Paulinelli
Coordenação de equipe: Augusto Manso
Revisão: Alexandre Rodrigues Alves e Simone Teles
Produção gráfica: Antonio Carlos De Angelis
Impressão e acabamento: Gráfica e Editora Serrano Ltda.

sala comunicação multimídia

Projeto Editorial
Ronaldo Tapajós e Tetê Sá

Redação e Pesquisa
Bianca Arcadier
Livia Salomão
Nina Quiroga

Direção de Arte
Tetê Sá

Projeto Gráfico e Diagramação
Tete Sá e Júlia Rocha

Ilustrações
Bianca Arcadier
Daniel Becker Gnattali
Júlia Rocha
Tetê Sá

Fotos
Geraldine Pasztor
Januário Garcia
Júlia Rocha

Editora Senac São Paulo
Rua 24 de Maio, 208 – 3º andar – Centro – CEP 01041-000
Caixa Postal 1120 – CEP 01032-970 – São Paulo – SP
Tel.: (11) 2187-4450 – Fax.: (11) 2187-4486
editora@sp.senac.br
www.editorasenacsp.com.br

Nota dos Editores

Em 2006, o Senac Nacional lançou a série *Se liga nessa*, um conjunto de livros voltados para os Programas de Aprendizagem e de Educação para o Trabalho e a Cidadania. Ao longo desses anos de existência, foram muitas impressões e uma tiragem total de mais de 300 mil exemplares. Mas de lá para cá muita coisa mudou.

Novas tecnologias foram rapidamente incorporadas ao cotidiano dos jovens, e as redes sociais praticamente dominam as relações pessoais e comunitárias. As questões de gênero, raça e religião ganharam novos contornos, algumas conquistas e novas reflexões. Na área social, se o problema das drogas, da violência e da intolerância continua grave, a cidadania, a preocupação com o meio ambiente e a sustentabilidade se fortaleceram, em um bom contraponto. O mundo do trabalho também experimentou diversas transformações a partir da estabilidade econômica, do desenvolvimento do país e dos investimentos em educação profissional e... os livros da série *Se liga nessa* precisaram ser remodelados.

Agora, os três livros dos alunos e o do professor aparecem de cara nova, trazendo questões contemporâneas, em uma linguagem mais atual e design mais moderno.

Este volume, *Se liga nessa – Relacionamento,* aborda as jornadas do jovem em busca do autoconhecimento e da capacidade de se relacionar em família, com os amigos e com o mundo que o cerca, sempre na perspectiva do eu, a partir de temas como: autoimagem; autoestima; sexualidade, drogas, violência e preconceito; alimentação e saúde; diversidade cultural; novas mídias e redes sociais.

Convite para a jornada

Queremos convidar você para uma jornada, uma aventura, ao longo das páginas deste livro. Uma jornada com destino ao conhecimento. Ou, se você preferir, com destino ao autoconhecimento.

Não, amigo ou amiga, não se trata de mais um livro de autoajuda, daqueles que trazem receitas infalíveis de sucesso e felicidade.

Se tem alguma coisa que você não vai encontrar aqui são receitas ou fórmulas mágicas. Pelo contrário.

Nesta aventura, entramos com os caminhos, mas o espírito aventureiro é por sua conta.

Nossas trilhas apresentam enigmas, levantam discussões, desafiam sua inteligência e também, é claro, esperamos que possam fazer você rir, sorrir e curtir os conceitos, histórias, personagens e entrevistas que criamos exatamente com esse objetivo.

E o conhecimento, então, onde aparece?

Ele está em toda parte e é sempre uma aventura ir em busca dele.

Adquirir conhecimento é a arte de desvendar o desconhecido, decifrar o que, às vezes, apenas sentimos, confirmar suspeitas, formular novas questões, entender a linguagem das coisas, conquistar ferramentas para explorar o que a vida nos entrega de graça.

Essas descobertas que chegam com o conhecimento interferem direta e indiretamente em nossas vidas e nos dão novas oportunidades de viver com mais qualidade em todos os sentidos.

Então, vamos nessa jornada?

Você não vai precisar levar muita coisa. Leve suas dúvidas, sua curiosidade em geral; leve o conhecimento que você já tem, isso é muito importante. Com certeza será muito útil para aproveitar bem os novos saberes que virão com a jornada.

Também não pode faltar na sua bagagem a persistência, ou determinação, como você quiser chamar. O conhecimento, às vezes, gosta de bancar o difícil. Mas não ligue, você no fim consegue conquistá-lo.

É recomendável também levar uma mochila de fundo infinito. Nela você vai poder trazer de volta verdadeiros tesouros que vai encontrar pelo caminho, mais seus momentos inesquecíveis, suas revelações e muito mais. Você vai querer guardar muitas lembranças, informações preciosas, achados de todas as naturezas que vão ser da maior utilidade no seu dia a dia, quando a aventura pelas páginas deste livro tiver terminado.

Então... Vamos?

O que é a jornada?

A JORNADA É UM JOGO, UM SIMULADOR DE VOO

"A vida deveria ser dupla: uma para ensaiar outra para atuar de verdade."

(Vittorio Gassman, 1922–2000, ator de cinema e teatro)

São cinco unidades – pequenas jornadas – que formam a aventura completa.
A narrativa é propositalmente fragmentada, tanto no interior de cada unidade como no conjunto das jornadas.

Essa fragmentação não é real, apenas aparente. Decidimos trabalhar com pequenas unidades alternando formas de linguagem e de narrativas: linguagem poética, dramática, informativa (entrevistas e conteúdos didáticos); linguagem visual (HQs, provocações interativas) e outras.

Apesar dessa variedade, todas as unidades prendem-se a um invisível fio condutor. Formam um conjunto relativamente aberto, permitindo que alunos e educadores possam fazer seu próprio recorte e, a partir dessas leituras, possam desenvolver os temas em foco.

A série *Se liga nessa* se aproxima do universo a ser frequentado pelo aluno, indo da autoestima à cidadania, dos cuidados com o corpo às oportunidades do mercado; dos abismos e desvios de rota (drogas, violência etc.) aos elementos motivadores da existência, como melhoria de situação financeira, satisfação de desejos, relacionamentos; das redes sociais à aceitação das diferenças e à necessidade de se posicionar profissionalmente.

Ponto de partida

O livro começa com um corte na vida do protagonista da jornada. No caso, a motivação desse acontecimento representa aquele momento em que uma pessoa percebe, com mais ou menos clareza, não importa, que precisa tomar conta de sua vida e agir em busca de seu lugar no mundo.

Protagonista

A jornada não traz um personagem fictício como protagonista. Alguns textos são escritos na primeira pessoa, sugerindo que o próprio leitor seja esse protagonista. A jornada é dele, afinal.

Cada jornada parte de um enigma, estampado em cartas de um suposto baralho.

As unidades

1. Enigma (carta na abertura de cada unidade) – A ideia é colocar foco no sentimento e tentar esclarecer o que ele significa. Por exemplo: como estar diante do espelho pode motivar questionamentos sobre a própria identidade. Cai a ficha de que não se é mais criança e que dá para reivindicar seu pedacinho no mundo. A linguagem aqui é radicalmente poética e busca criar empatia emocional com o leitor. É uma forma de dizer: todo conhecimento parte de uma necessidade que se apresenta em forma de emoções. Não é algo distante de nós, e sim aquilo que mais nos importa e que pretendemos incorporar.

2. Diário de bordo – Funciona como uma espécie de GPS. Localiza o leitor na jornada.

3. Dramaturgia – Saímos do universo poético subjetivo e apresentamos casos. São três casos por jornada. O objetivo aqui é trazer vivências e levantar questões a serem compartilhadas. Esse compartilhamento pode ocorrer em qualquer lugar, mas poderia ser em qualquer lugar formal ou informalmente. A ideia aqui é estimular a troca de experiências. Segue a filosofia do mestre Paulo Freire: "as pessoas aprendem mesmo é umas com as outras".

4. Compartilhe/entrevista – Para que esse compartilhamento possa ter as questões enunciadas e as dúvidas básicas esclarecidas, criamos uma pequena ficha temática a partir de cada história. Além disso, convidamos um especialista na área dos assuntos tratados na jornada para que as questões possam ser discutidas com mais embasamento teórico. Cuidamos para que essa teoria fosse simples e de fato esclarecedora.

5. A palavra é... – O principal conceito da jornada é destacado aqui. Não se trata de um exercício de sinonímia. Buscamos criar um ambiente gráfico que possa mostrar ao leitor, aluno ou docente, que uma palavra-ideia pode se desdobrar em muitas. Aqui, mais uma vez, o universo apresentado não pretende esgotar as possibilidades, e cada leitor, ou cada grupo, pode ir muito além do que é apresentado no livro.

6. Outras falas – Poemas, canções, reportagens, depoimentos, fotos, caricaturas. Há muitas formas de expressar ideias e sentimentos. É importante estar preparado para ler não apenas textos com palavras, mas perceber as diferenças de linguagem e as várias formas de narrativa.

- **InterAtividade** – A proposta é que o leitor se coloque, atue, interaja de alguma forma.
- **Por falar em**... – Aqui o conceito é desenvolvido em forma de comentário. Se algo ainda não ficou claro, a hora de esclarecer é essa. Papo aberto, sem formalidades, atacando as questões de forma simples e sem preconceitos ou proselitismos.

7. Fim da jornada – O livro volta ao poético. Uma pequena reflexão sobre o universo temático visitado e o que o protagonista (o leitor) pode achar importante colocar na mochila (de fundo infinito, lembra?) para não esquecer e aproveitar aquele aprendizado em seu dia a dia – na hora de atuar, portanto.

- **Por falar nisso – *links* e referências** – Sugestões comentadas de outros livros, de filmes e de *sites* que possam contribuir para o entendimento dos temas tratados na jornada.

A jornada

A jornada 1 parte do despertar, quando o protagonista se coloca em movimento. Aqui, uma alusão indireta à situação do aluno que parte nessa aventura. Sabe que mudou, que sua vida mudou, e que as mudanças se aprofundarão. Importante que perceba que tudo vai depender muito dele mesmo, de suas escolhas, postura, dedicação. Importante também saber que muitos sentimentos e dúvidas não são exclusividade sua. Todos temos problemas de autoestima, inseguranças, desconhecimentos; enfim, estamos em um momento crítico, mas muito rico.

Na jornada 2, a aventura leva o protagonista aos seus desejos, seus anseios, e ele percebe, com mais intensidade, o OUTRO. E, à medida que isso ocorre, consegue esclarecer muitas questões sobre si. O foco, então, se movimenta em direção à comunicação e à expressão de sentimentos e pensamentos. O leitor percebe sua potência, percebe que o mundo hoje é uma grande rede onde saberes e poderes se misturam. É o momento em que vê que precisa desenvolver seus potenciais e saber se colocar no mundo para poder ser bem-sucedido.

Na jornada 3, o leitor chega às crises, às "dores do crescimento". Nessa altura, vê que precisa se cuidar, a começar pelo básico: sua saúde. É hora de encarar sua sexualidade e os abismos que o corpo pode ter de enfrentar, como criar dependência às drogas, pegar ou desenvolver doenças graves físicas ou mentais, ter de encarar uma gravidez inesperada e tudo mais que pode acontecer quando se deixa de ser criança e se torna um adulto. O leitor se vê diante de responsabilidades consigo mesmo e com as demais pessoas.

A jornada 4 é o momento de sair das crises para as oportunidades e "cair" no mundo. Entender o conceito de cultura, multiculturalismo e, mais uma vez, chegar ao OUTRO. Agora de forma menos subjetiva. Expandir o universo pessoal abrange muitas coisas: desenvolver boas relações, criar associações produtivas e parcerias, perceber-se cidadão, entender o valor do grupo, saber trabalhar em equipe, alcançar resultados em um mundo competitivo, onde cada vez mais as pessoas precisam se respeitar. É participar de forma ativa do mercado de trabalho e da vida civil, desenvolvendo o sentido de cidadania e reconhecendo seus direitos e deveres.

A jornada 5 trata do retorno. É o momento que o leitor tem para refletir: "O que foi que eu trouxe da minha aventura?" Os caminhos percorridos são repassados e *links* são construídos para pensar sobre dúvidas, perguntas, propostas etc.

Sumário

WHERE IS
MY MIND?

REFLETINDO NO ESPELHO

Quem sou eu, mesmo? O que estou fazendo nesse filme?

Enfim cortei o cabelo. Fiquei me olhando no
espelho como se fosse pela primeira vez.

Gente, mudou tudo! Um simples corte de cabelo.

Aí, fiquei me perguntando: quem é você, mesmo?

Me senti tão outra pessoa... Estou adorando essa minha cara nova.

Sabe que isso de me achar diferente me fez pensar em
como a gente muda?

Deu um frio na barriga, me fez refletir sobre a minha vida.

O que é mesmo que eu quero?

Para onde estou indo?

Que importância tem tudo isso?

Tudo bem, não devo ser o único a se fazer essas perguntas.

Tanta coisa para viver.

Sei que ainda não sei muita coisa... Mas logo, logo vou saber.

É isso aí:
... Vai fundo, garoto, vai fundo que esse mundo é todo teu!

1ª JORNADA **Despertar**

DIÁRIO DE BORDO

Para começar nossa jornada, coloque em sua mochila autoestima, autoconhecimento e muito jogo de cintura, e vamos desvendar outros mundos, conversar com pessoas, conhecer personagens reais ou fictícios, saber de suas histórias e opiniões.
Para entender melhor quem somos, precisamos dos outros.
Se não der para encontrar muitas respostas, pelo menos é provável que você esbarre com outras perguntas.
Siga em frente, isso também faz parte da jornada.

A hora da virada

Independência ou rebeldia?

Desejo ou teimosia?

Falta de noção de limite ou certeza de seu potencial?

Leia e tire suas conclusões.

Você vai conhecer agora três histórias. São jovens que despertaram para o fato de estarem passando por sérias mudanças e foram em busca de seus caminhos...

Fazendo a vida rolar (... de skate)

QUE SITUAÇÃO!

O QUE VOCÊ FARIA SE FOSSE O EDU?

SERÁ POSSÍVEL ENCONTRAR UMA SOLUÇÃO QUE AGRADE A TODOS?

No meu tempo

"Maria Clara!" Só de ouvir seu nome chamado com todas as letras, Clarinha tremeu na base: "O que será dessa vez? Só faltava essa, começar uma discussão, justo na hora de sair para o baile."

"Não me diga que você vai com essa roupa?", inquiriu dona Norma e completou: "No meu tempo..."

"Mãe, por favor, para de falar do seu tempo. Seu tempo é agora. Parece uma velha. E você não é."

"E ser velho é alguma doença?", protestou dona Ju, a avó de Clarinha.

"Claro que não, vozinha."

A discussão em família esquentou, mas de nada serviram os argumentos de Maria Clara: que não via nada de mau naquela roupa e que todas as meninas se vestiam daquele jeito, que era moda. Nada. A mãe estava irredutível.

"Não, porque não. Assim não sai. Aliás, a senhora não vai mais a lugar algum: está de castigo pela teimosia."

"Tá certo, mãe. Então vou com aquele short que a senhora mesma me deu", decidiu Maria Clara. "Posso trocar?"

"Não, já disse." Norma estava nervosa.

"Muito bem, minha filha", palpitou a avó Ju. "No meu tempo, criança não saía sozinha à noite!"

"Vó, dá um tempo, que papo brabo de tempo disso, tempo daquilo. Pois o meu tempo é do Amor. Tempo de amar, a senhora entende."

"Agora é que não sai mesmo", decretou a mãe, que já andava desconfiada que Clarinha estava namorando escondido ou, quem sabe, ficando sei lá com quem.

"Tempo do Amor, onde já se viu? O baile vai ser na sua cama." Maria Clara saiu chorando para o quarto.

De cabeça mais fria, Ju e Norma viram que tinham exagerado, que era melhor ter uma conversa franca com a menina, e bateram no quarto de Clarinha. Acharam apenas um bilhete que dizia:

> "Mãe, tomei essa decisão de fugir porque sei que não vai acontecer nada do que você e vovó imaginam. Confiem em mim. Vocês não fazem ideia do quanto sonhei com essa noite. Depois eu explico melhor. Um dia, quem sabe, eu conte para a minha filha que 'no meu tempo' tive de fugir para encontrar com meu namorado, se é que vou conseguir ficar com o Claudinho mesmo. Beijos da filha e neta querida,
> Maria Clara, a Clarinha de sempre.
> Ah, coloquei o shortinho que você me deu, mãe. Ficou lindo!"

PONTO DE EMISSÃO

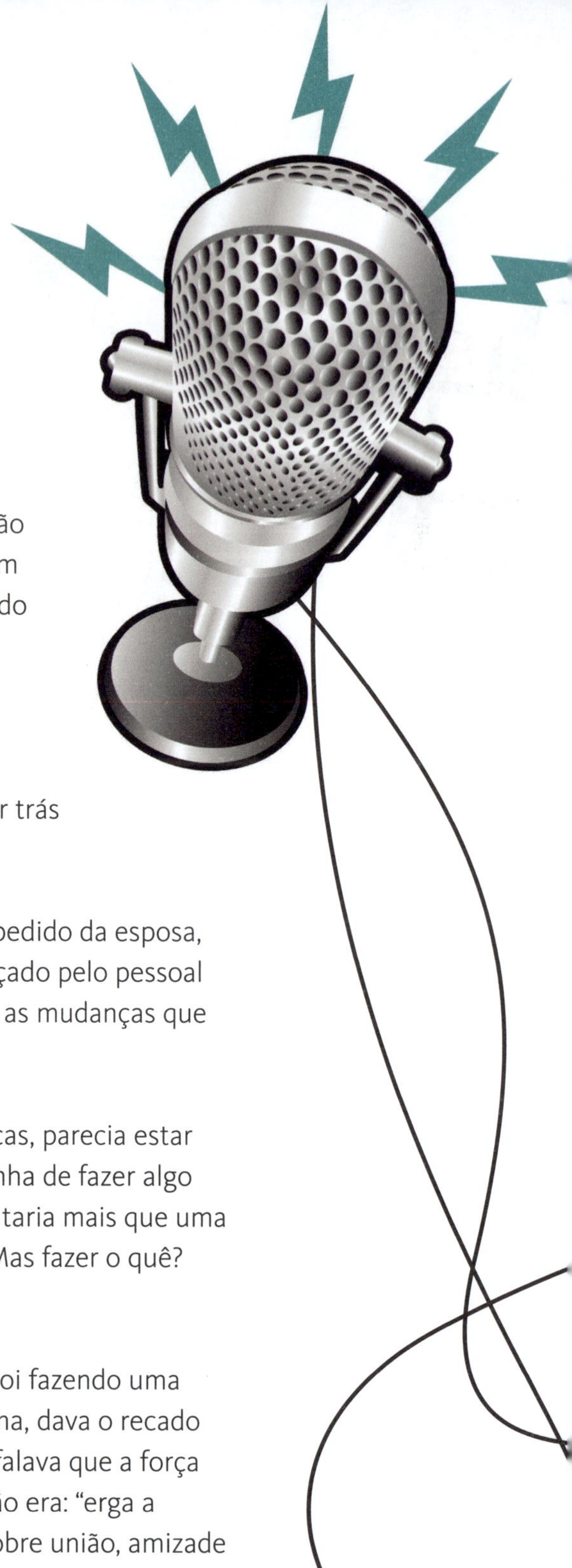

Naquela tarde, quando se dirigia à salinha da rádio comunitária, onde trabalhava como operador e DJ, Chicão estava nervoso e inconformado. O professor Marcelo, um dos melhores do curso de informática, que estava fazendo o maior sucesso entre os frequentadores do Centro Comunitário, havia pedido demissão. Justificativa oficial: "problemas particulares".

Chicão tinha certeza de que tinha mais alguma coisa por trás disso e foi procurar o mestre.

Depois de afirmar que sua saída era para atender a um pedido da esposa, o professor Marcelo deixou escapar que se sentia ameaçado pelo pessoal "da pesada", uma turminha que não se conformava com as mudanças que vinham ocorrendo na comunidade.

A cabeça de Chicão, que vivia cheia de ideias e de músicas, parecia estar vazia. Só pensava que, mesmo sem se sentir um líder, tinha de fazer algo para o professor Marcelo ficar, já que sua saída representaria mais que uma grande perda, um retrocesso para toda a comunidade. Mas fazer o quê? "Sou só mais um na multidão."

A resposta veio imediata e naturalmente: pela música. Foi fazendo uma seleção musical que retratava a situação e, de certa forma, dava o recado que ele queria dar. Começou com um velho *reggae* que falava que a força nunca vence a inteligência. Depois, um samba cujo refrão era: "erga a cabeça e enfrente o mal, lute pelo seu ideal". Músicas sobre união, amizade e confiança. Esse era o seu trabalho e ele sacou que podia se expressar por meio dele.

Então pegou o microfone e começou a falar. Falou de um jeito tão fácil que nem ele reconheceu, sobre a importância de acreditar em si e na capacidade que cada um tem de transformar o mundo. Depois, convocou a todos para iniciar um movimento chamado "Fica, professor Marcelo!".

Aquela atitude de Chicão repercutiu fortemente e ganhou casas e ruas, virou assunto nas redes sociais, conversas de bar e, é claro, no próprio Centro Comunitário. Havia muito mais para se discutir e aquele era o momento certo.

Tudo bem se acaba bem. E rolou: as principais questões foram discutidas, os grupos se acertaram, os limites definidos e, considerando as diferenças, ficou claro para todos a importância de valorizar o Centro e manter suas conquistas.

O professor Marcelo se sentiu seguro e decidiu permanecer dando aula.

Chicão, sempre modesto, continuou se achando "só mais um na multidão", mas se tornou um DJ ainda melhor.

Compartilhe

Edu, Maria Clara e Chicão, o que eles têm em comum? Universos tão diferentes! Nas três histórias que lemos, cada um desses jovens é chamado à ação. Por motivos variados, sentem que não dá para ficar sem enfrentar a situação.

Quanto mais jovens somos, maior é a chance de vivenciarmos novas experiências, situações que muitas vezes exigem de nós decisões que nunca tínhamos tomado antes.

Há riscos envolvidos, atritos, consequências, sonhos, desejos, autoestima, autoconhecimento, vida. Será que a vida desses personagens tem algo a ver com a sua? Esses casos podem nos ensinar alguma coisa, mesmo as situações sendo diferentes?

Compartilhe a sua visão sobre isso com os amigos, converse com eles sobre os assuntos apresentados. Coloque-se no lugar dos personagens, procure analisar de forma justa as razões de cada um deles. E aí?

"Crescer é aprender a tomar decisões." *(popular)*

COMPARTILHANDO...

Hena Lemgruber é psicanalista e educadora, trabalhou durante muitos anos com orientação de jovens e adolescentes nas escolas Eliezer Steinbarg Max Nordau e Senador Correia, no Rio de Janeiro. Convidamos Hena a compartilhar esse tema conosco:

Se liga nessa: ***Adolescência e juventude podem ser pensadas como um momento privilegiado de "despertar para si próprio". Este é um momento único e específico da vida de uma pessoa ou pode ocorrer em situações e épocas variadas?***
Hena: Podemos pensar o momento da adolescência e juventude como único, por considerar-se inaugural em alguns aspectos. Por exemplo, o encontro com o outro. É chegado o momento de lançar-se à experiência que exige de cada um não mais pedir autorização aos pais. As vivências anteriores em família ou fora dela servirão de referência, mas a decisão do que fazer, com quem fazer caberá a cada um em particular e de um jeito único. Ceder, compartilhar seu corpo com outro inclui o encontro com o desconhecido. É bom? É. Angustiante? Também. Por isso, é intransferível.

SLN: *Dizem que tudo muda o tempo todo, que o mundo e as pessoas estão em constante transformação. Mas, por que, na adolescência e juventude, essas constantes mudanças às vezes trazem sofrimento?*
Hena: Só na juventude? Mudar exige esforço, certo encorajamento de viver as novidades que o mundo apresenta. E, além disso, pagar as consequências de seu ato. Isso está em jogo, particularmente nesse momento em que se busca uma causa, um sentido para a vida. E isso não se consegue facilmente.

SLN: *Fala-se muito em "empoderamento" do jovem, ou em trabalhar-se o "potencial" do jovem. Como você definiria estas expressões: empoderamento e potencial? Que experiências ou atividades vividas na juventude você considera que favorecem o empoderamento e trabalham positivamente o potencial?*
Hena: Em cada época buscam-se palavras para tentar padronizar um determinado segmento. Os conceitos são importantes, é claro. Dão um norte, um balizamento. No entanto, é preciso pensar no particular de cada um. Nesse sentido, acredito que muitas vezes há que desempoderar-se para então construir seu poder. Hoje em dia, vemos a difusão de modelos de felicidade tão padronizados que nossa contribuição pode ser uma simples pergunta: "O que isso tem a ver com você? O que te cabe nessa história que é veiculada como tua?" A partir disso, podemos, junto com o adolescente, orientar atividades que deem asas a seu potencial. Apostar em alguma atividade artística pode ser uma saída, pois ela sempre leva em consideração a invenção, elemento fundamental para qualquer ser vivente.

SLN: *Na adolescência, o jovem é chamado a assumir diversas novas responsabilidades, a tomar decisões, a ter atitudes mais firmes. Porém, é comum que os adultos também estranhem a postura mais decidida e "cheia de vontades" de quem passa por essa fase. Como atenuar os conflitos de comunicação e de disputa de limites tão frequentes entre pais e filhos na adolescência?*
Hena: Em primeiro lugar, precisamos reconhecer que não é nada fácil. Para os filhos, os pais são uma referência importantíssima. No entanto, é preciso que se pergunte o que significam esses papéis. Inicialmente, não é "papai e mamãe sabem tudo". Tendo isso como um horizonte para o diálogo, há que se fazer um esforço em aceitar que, enquanto são responsáveis pela educação de alguém, os pais devem se interrogar sobre seus próprios limites. É preciso aceitar suas faltas. E isso significa poder transmitir para os filhos que não se sabe tudo. Aquela velha frase, "onde foi que errei" pode ser revisitada como "errar é humano". O que posso fazer com isso? Essas reflexões são importantes para um início de diálogo com os filhos. É sempre relevante dar à palavra o lugar precioso que ela merece. É importante escutar dos filhos o que eles têm a dizer. Estranhar? Faz parte. É preciso incluir o estranhamento no diálogo, não acha? A novidade nos é sempre estranha. E por que não bem-vinda?

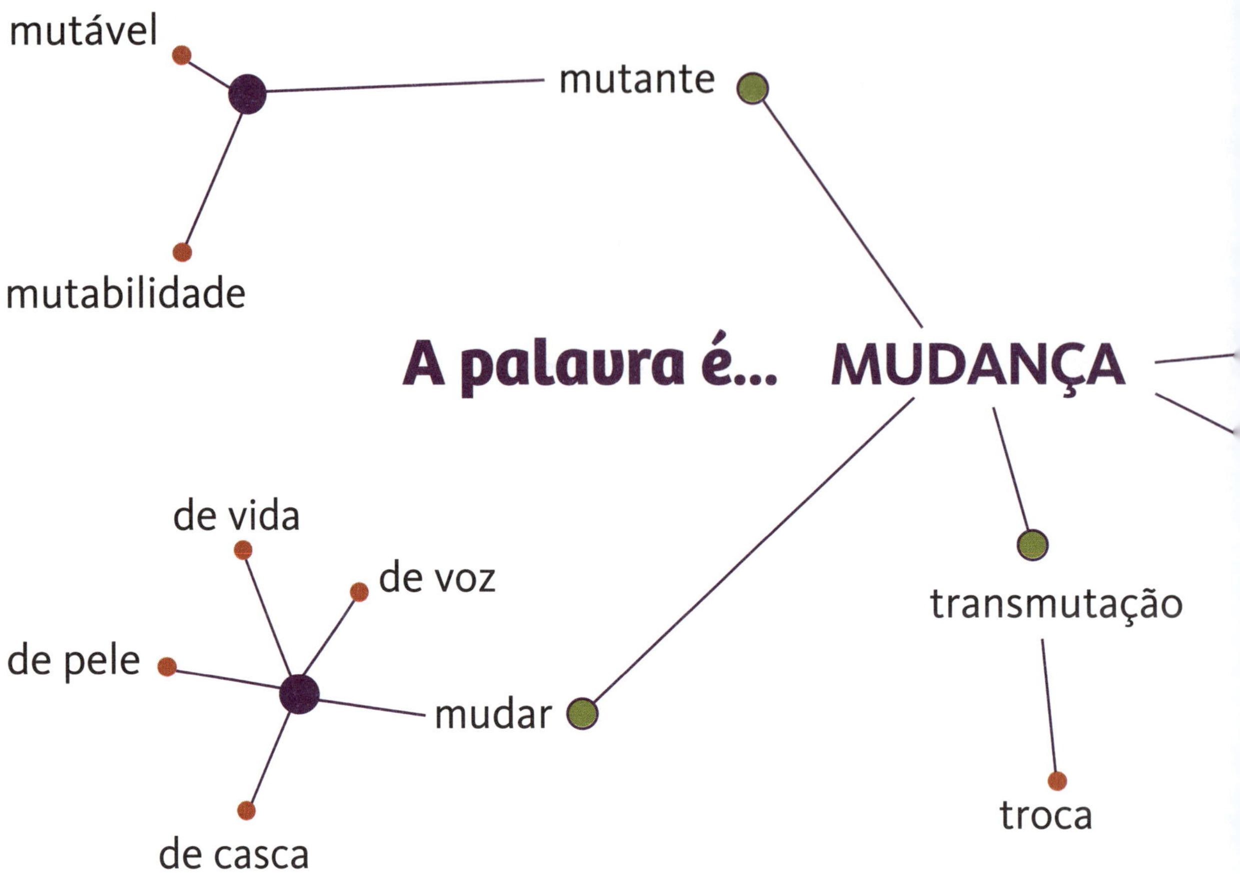

A palavra é MUDANÇA.

O que essa palavra quer dizer para você?

É uma palavra importante que divide conservadores e reformadores.

Em uma jornada, as mudanças são inevitáveis e precisamos estar ligados nas formas como elas se apresentam.

Veja neste esquema como a palavra mudança se ramifica e pense no que ela quer dizer para você.

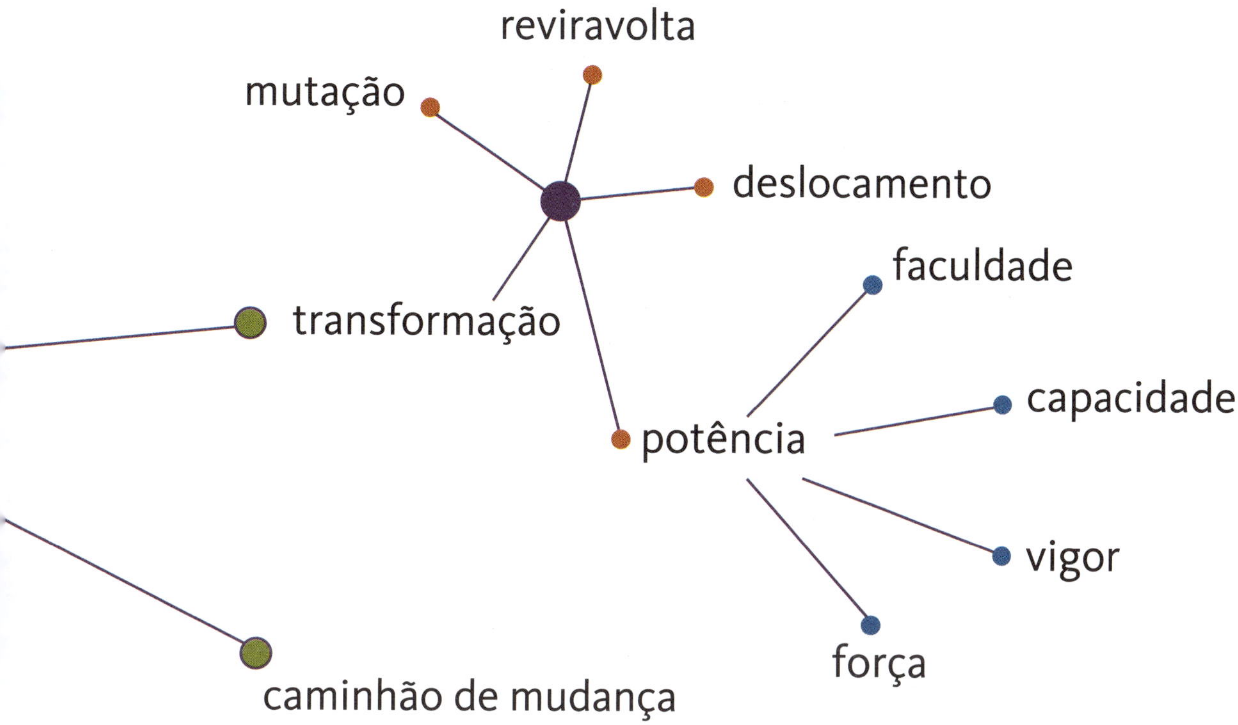

Outras falas

Usando palavras ou não, há muitas formas de dizer as coisas.

Atualmente, com o maior acesso à tecnologia, essas outras formas de falar estão cada vez mais presentes no dia a dia das pessoas.

Música, imagens, poemas, desenhos, clipes, vídeo... Existem muitas linguagens.
É importante saber ler e usar esses meios na vida pessoal e na vida profissional.

Um poema, por exemplo, é bem diferente de uma notícia de jornal ou uma bula de remédio.
Poemas expressam também emoções e sentimentos.

Como este soneto de Camões...

Mudam-se os tempos, mudam-se as vontades,
Muda-se o ser, muda-se a confiança;
Todo o mundo é composto de mudança,
Tomando sempre novas qualidades.

Continuamente vemos novidades,
Diferentes em tudo da esperança;
Do mal ficam as mágoas na lembrança,
E do bem, se algum houve, as saudades.

O tempo cobre o chão de verde manto,
Que já coberto foi de neve fria,
E em mim converte em choro o doce canto.

E, afora este mudar-se cada dia,
Outra mudança faz de mor espanto:
Que não se muda já como soía.

O autor desse soneto foi o primeiro grande poeta da língua portuguesa: Luiz Vaz de Camões, um português que viveu de 1524 a 1580, sendo contemporâneo de outros gênios, como Miguel de Cervantes e William Shakespeare.

Ele nos fala de como as coisas mudam: nossos sentimentos, a natureza, os dias e as noites, as estações do ano. "Tudo muda..." – como diz a canção de Lulu Santos, composta 500 anos depois – "... o tempo todo no mundo".

O fato de ter sido escrito há tanto tempo e continuar atual parece querer dizer exatamente o oposto: que não se muda tanto assim.

O que você acha?

O que sabemos é que a vida é um movimento contínuo.

Nosso corpo, nossas relações, nossos valores, nossos padrões de comportamento estão sempre mudando.

Muitas dessas mudanças dependem da própria época. E isso se reflete na forma como nos expressamos.

Olha como o rap a seguir fala do mesmo tema: mudança.

E fala com música – que é outra forma de se expressar.[1]

Quem se aventura a "rapear" sobre esta letra?

Mor = maior
Soía = costumava acontecer, acontecia

[1] O tema "expressão" será explorado mais profundamente na próxima jornada.

PRA RAPEAR

O QUE TE FAZ MUDAR?
O QUE TE FAZ QUERER...
QUERER MUDAR?
O QUE TE PÕE PRA FRENTE?
É GRANA?
É FAMA?
É SEXO?
É PODER?
O QUE É?
O QUE FOI?
O QUE SERÁ?

OU TU QUER FICAR AÍ
PARADO
CALADO E COLADO
NO MESMO LUGAR?

O QUE TE FAZ MUDAR?
O QUE TE FAZ QUERER... MUDAR?
QUER UM CORPO SARADO?
UM BICO AFIADO?
UM SONHO?
UMA DELICADEZA?
GENTILEZA GERA GENTILEZA
AQUELA MINA, LINDEZA
PRINCESA
AQUELE CARRO DEMENTE
A SAÚDE
DAQUELE SEU ENTE
QUERIDO
SUA MULHER
SEU MARIDO?
SUA CASA
A FAMÍLIA
O MUNDO
O DESAFIO
O QUE TE FAZ MUDAR, AFINAL?

MUDAR É SEMPRE BOM
É SEMPRE BOM MUDAR
E SE NÃO FOSSE
O QUE IMPEDIRIA
O MUNDO DE GIRAR
AS ONDAS DE BATER E RETORNAR
E A LUA DE RESPLANDECER
EM NOITE DE LUAR?

O QUE TE FAZ MUDAR?
QUEM TE INSPIRA MUDANÇA?
UM HERÓI?
UM ANTI-HERÓI?
TALENTO?
FORÇA, PENSAMENTO?
SEU PAI?
SEU PROFESSOR?
QUEM É O SEU EXEMPLO?
AONDE VOCÊ QUER CHEGAR?
NEM ME RESPONDA
PERGUNTO POR PERGUNTAR
TENHO TAMBÉM MINHAS
RESPOSTAS
MAS NÃO ESTOU AQUI PRA RESPONDER
E SIM PRA PERGUNTAR...
O QUE TE FAZ MUDAR?
O QUE TE FAZ QUERER...
QUERER... MUDAR?

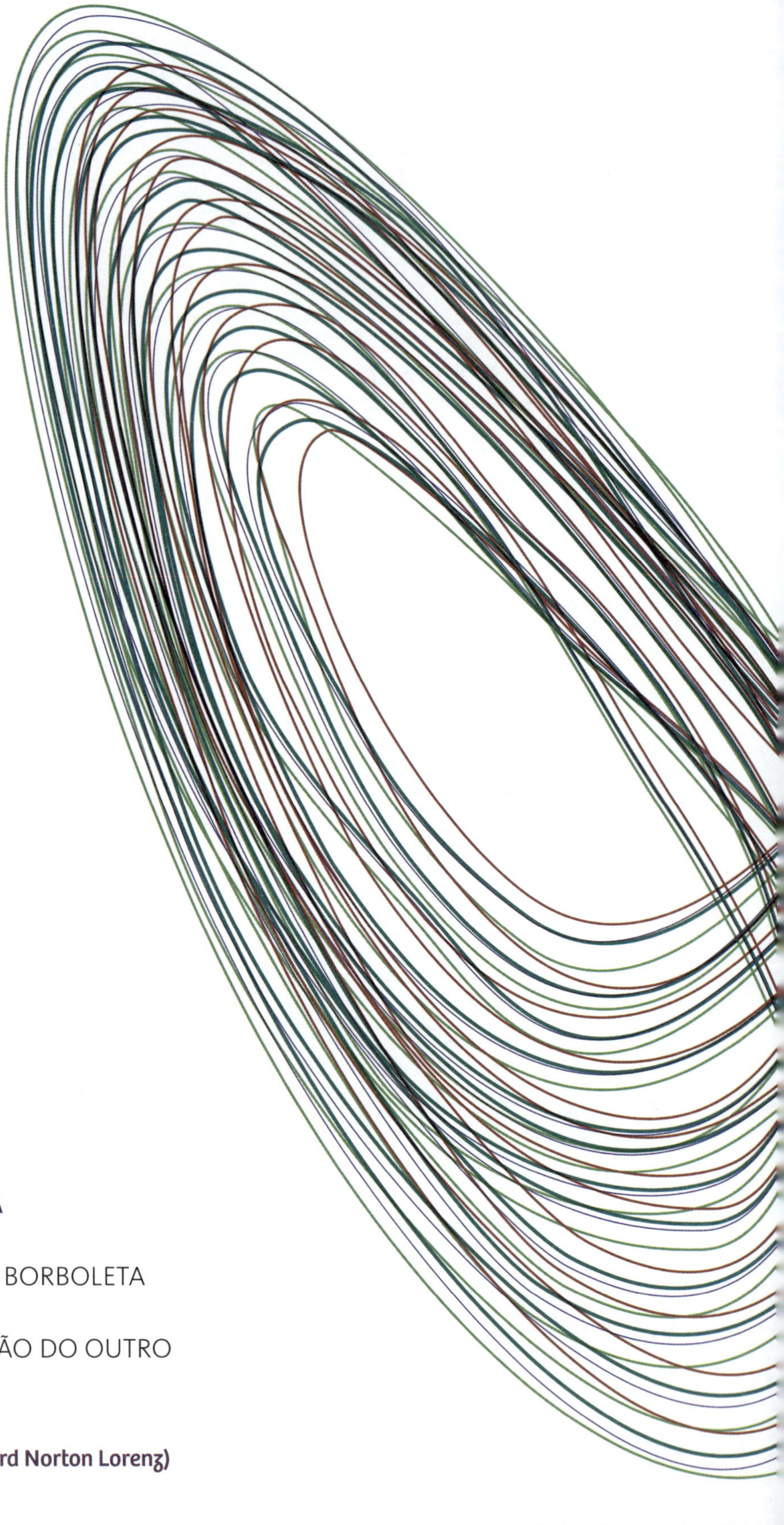

EFEITO BORBOLETA

O BATER DE ASAS DE UMA BORBOLETA

PODE PROVOCAR UM TUFÃO DO OUTRO

LADO DO MUNDO!

(Edward Norton Lorenz)

AUTOESTIMA, AUTOCONHECIMENTO, AUTOCONFIANÇA... AUTORIDADE

Se o mover de asas de uma borboleta pode causar um terremoto do outro lado do planeta, é preciso estar muito atento às várias formas de poder que existem neste mundo.

A nossa sociedade se formou em torno dessa ideia: poder.

A boa notícia é que os poderes são muitos e variados e se estabelecem por meio das relações entre pessoas ou entre elas e instituições.

Uma área onde ficam muito claras as diferenças entre as várias formas de relações de poder é no ambiente de trabalho.

É importante, portanto, perceber as diferenças para poder desenvolver boas relações.

Qualquer organização, para alcançar seus objetivos, precisa de alguma forma de hierarquia.

Mesmo em organizações estruturadas de forma participativa e horizontal, como cooperativas ou qualquer outro tipo de associação, despontam lideranças naturais ou se estabelecem cargos que conferem poder de decisão a determinadas pessoas.

Qualquer que seja o caso, exercendo cargos de chefia ou não, cabe a nós exercitar outro, e mais profundo, aspecto do poder: a autoconfiança.

E, nesse contexto, o autoconhecimento nada mais é do que saber quais são suas forças, ter consciência de todo o seu potencial e confiar nele. Quando você confia em si mesmo, é natural que os outros confiem também.

Posso ou não posso?

SABE QUANDO VOCÊ ACORDA NO MEIO DA NOITE E FICA PELEJANDO PARA LEMBRAR COMO ERA O SONHO QUE ESTAVA TENDO... E NADA?

EU SÓ LEMBRAVA UMA FRASE...

POSSO OU NÃO POSSO?

MAS... O QUÊ?

FIZ UM ESFORÇO E LEMBREI. ESTAVA SONHANDO COM LIBERDADE.

COM A LIBERDADE DOS PÁSSAROS. NO SONHO, EU SUBIA NO ALTO DO MORRO DAQUI DA REGIÃO E, OLHANDO LÁ DE CIMA, MARAVILHADO, VIA OS PÁSSAROS VOANDO E QUIS VOAR TAMBÉM. FIQUEI ME PERGUNTANDO:

"POSSO OU NÃO POSSO VOAR COMO OS PÁSSAROS? ISSO SIM É SER LIVRE, QUERO SER COMO ELES." E ME LANCEI NO ABISMO.

ENTÃO ACORDEI COM ESSA PERGUNTA NA CABEÇA.

POSSO OU NÃO POSSO? AINDA BEM QUE FOI SÓ UM SONHO.

ACORDADO, SEI QUE "NÃO POSSO" VOAR COMO OS PÁSSAROS, MAS HÁ TANTAS OUTRAS FORMAS DE VOAR.

ENTÃO TIREI MINHAS CONCLUSÕES.

POSSO OU NÃO POSSO?

POSSO. POSSO TUDO...

MENOS O QUE EU NÃO POSSO.

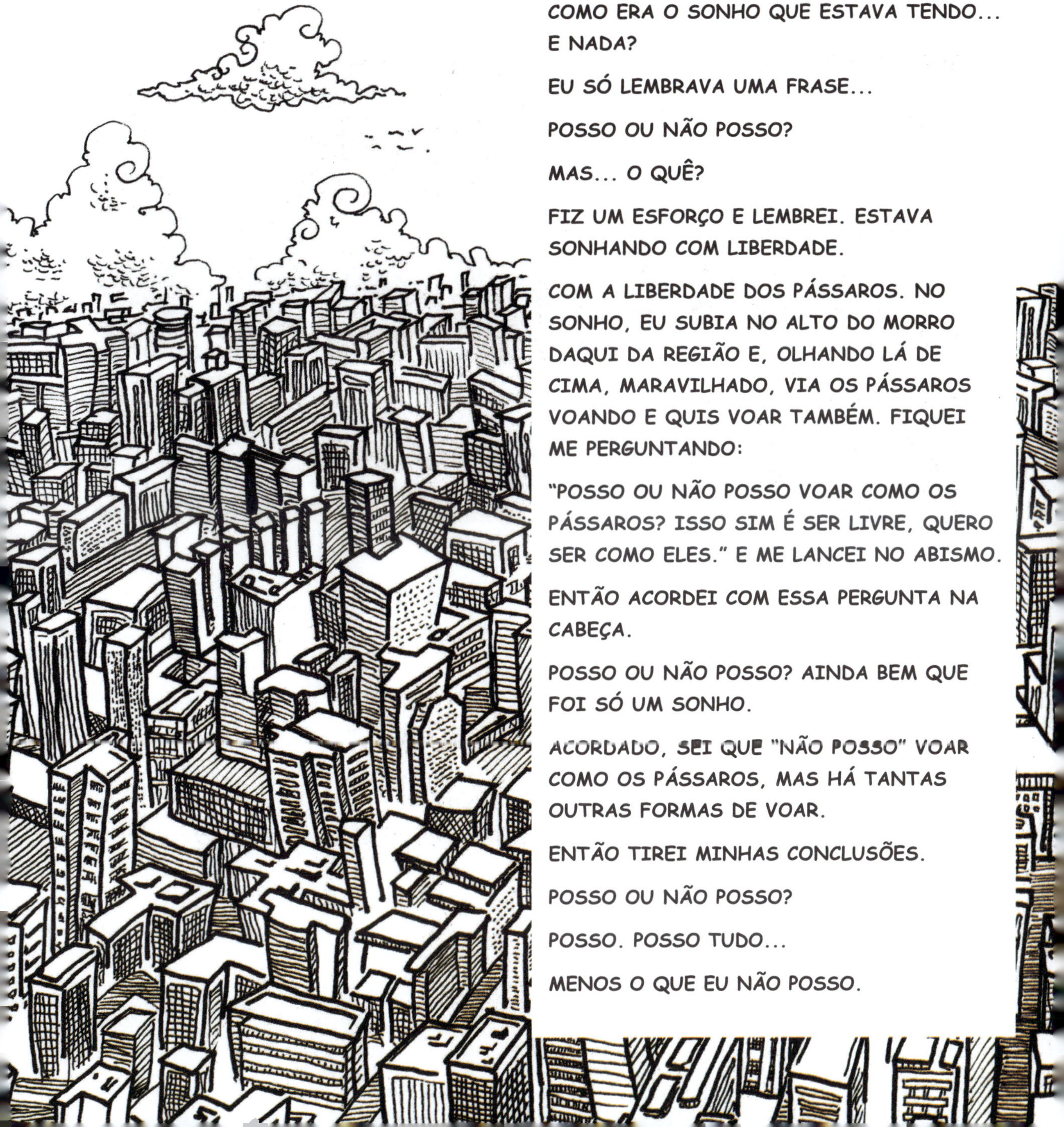

INTERATIVIDADE

Escreva com imagens

"MUDAM-SE OS TEMPOS..."
"SÓ MAIS UM NA MULTIDÃO."
"POSSO OU NÃO POSSO?"

Quais dessas imagens você escolheria para ilustrar as três frases presentes nesta jornada?

Como você ilustraria essas frases? Que tal você mesmo produzir novas fotos para ilustrá-las?

Com base nas fotos acima, crie outras frases.

POR FALAR EM...

"Homem nenhum é uma ilha isolada."

(John Donne, 1572-1631)

Daqui a pouco, daqui a um minuto, mais ou menos, quando você terminar de ler este parágrafo, mesmo que leia bem rápido, cerca de duzentas pessoas terão acabado de nascer no mundo todo. Elas vêm juntar-se aos mais de sete bilhões de passageiros que habitam esta nave chamada planeta Terra.

São grandes as diferenças culturais, étnicas, econômicas e sociais existentes, e, talvez por isso mesmo, estamos cada dia mais aprendendo uns com os outros. Com quem mais poderíamos aprender? São os outros que nos inspiram a encontrar nossos próprios caminhos.

Sem os outros não seríamos nós mesmos, ou pelo menos não saberíamos disso. Passamos a vida checando referências. Para seguir a jornada, precisamos delas.

Referências, simples referências. Elas não movem o mundo, mas ajudam a completar o quebra-cabeça para construirmos quem somos.

Fim da primeira jornada

Pronto, fechamos uma etapa da nossa grande jornada em direção a nós mesmos e a quase tudo que isso significa. A jornada que o *Se Liga Nessa* está propondo a você é uma forma de conhecer assuntos, tirar dúvidas, entender diferenças e muito mais. Tudo o que vai poder ajudar você na vida de uma forma geral.

Importante não esquecer que cada pessoa tem sua própria jornada, seu jeito de ser, de ver a vida, seu tempo de agir e reagir aos acontecimentos.

Estamos só no início. Despertamos para a jornada, e isso já é alguma coisa. O despertar é aquele momento em que percebemos que a jornada não tem mais volta.

Só nos resta seguir em frente.

POR FALAR NISSO – *links* e referências

Descobertas, mudanças, decisões, referências... questões atuais e sempre presentes. O tempo passa e elas continuam. Iguais e diferentes. Sempre se relacionam ao que nos cerca – natureza, pessoas, sociedade, cidadania, posicionamento, trabalho –, mas dizem respeito primeiro a nós mesmos, ao nosso despertar.

Eis algumas referências que tratam dos temas desta jornada:

1. Refletindo no espelho

No conto *O espelho*, Guimarães Rosa, por meio de metáforas, escreve a respeito da influência da sociedade sobre a imagem que o indivíduo vê refletida de si no espelho, distorcida, segundo o que é socialmente aceito ou desejado à época. E você? Acha que sua imagem reflete como você se sente? Por que você pensa que isso ocorre?
Livro: ROSA, G. J. *Primeiras estórias,* Rio de Janeiro: Nova Fronteira, 2005.

2. A palavra é... Mudança

Se enlouquecer, não se apaixone: por meio de situações cômicas, o filme mergulha na sensação de vazio e desconforto que comumente afeta os adolescentes. O personagem Craig sente-se deprimido, decide internar-se em uma clínica e acaba descobrindo que não se trata de

depressão, mas de uma das fases mais interessantes da vida, o despertar, que causa estranhamento e vem acompanhado de mudanças radicais.
Filme: *Se enlouquecer, não se apaixone*. Universal Pictures, 2011. Direção: Ryan Fleck, Anna Boden. Elenco: Zach Galifianakis, Emma Roberts, Lauren Graham, Viola Davis, Jeremy Davies, Mary Birdsong, Zoë Kravitz, Cheryl Alessio, Aasif Mandvi, Keir Gilchrist, Jim Gaffigan.

3. Efeito borboleta

"O bater de asas de uma borboleta pode provocar um tufão do outro lado do mundo!" é uma alegoria para a descoberta atribuída ao matemático Edward Norton Lorenz, na década de 1960. Em outras palavras, ele afirma que tudo que acontece hoje provoca consequências imprevisíveis amanhã! Duas décadas depois, o austríaco Fritjof Capra escreveu um ousado livro, *Ponto de Mutação*, sobre a importância de olhar para tudo de forma sistêmica, relacionando as conexões entre as coisas e não as separando em partes, como era a tradição científica dos últimos séculos. A obra marcou época e virou até filme, estrelado por Liv Ulman, famosa atriz, musa do diretor Ingmar Bergman.
Livro: CAPRA, Fritjof. *Ponto de Mutação*. São Paulo: Cultrix, 1982.
Filme: *Ponto de Mutação*. Overseas Film Group, 1990. Direção: Bernt Capra. Elenco: Liv Ullmann, Saw Waterston e John Heard.

O LABIRINTO

Era um desses jogos de labirinto.
Paredes, paredes, portas dando em outras paredes e uma só saída.

Para complicar, pedras caíam do alto e fossos se abriam no chão.

Um jogo como tantos outros, mas quando parecia que eu encontraria a saída surgia um novo obstáculo inesperado, uma sombra que me impedia de avançar de fase. Um vírus digital?

Resolvi enfrentar pessoalmente o invasor. Entrei no jogo. Virei um avatar.

"Quem é você?", perguntei da forma mais ameaçadora que consegui.

"Não vê que está atrapalhando o jogo?"

A misteriosa sombra deu uma gargalhada. Banquei o durão de novo:

"Por que você resolveu atrapalhar?"

Dessa vez ela falou: "Quer saber mesmo quem eu sou? Olhe no espelho, sou uma espécie de reflexo de você: sou seu desejo. Tudo o que você quer tem a ver comigo. O que te dá prazer, o que dá sentido à tua existência... Você não quer ser reconhecido, respeitado, se afirmar no jogo da vida? Eu estou em todos os jogos e já vi que você não sabe nada de mim".

Procurei ser mais cordial: "Ok, mas... dá só uma dica: como se ganha esse jogo?".

"Basta me respeitar. Isso é básico", ordenou a sombra.

"Só isso?", perguntei confiante.

"Você acha pouco?", respondeu com um sorriso: "Respeite seu desejo e saia do labirinto. Comunique-se. Tudo o que você expressar parte de mim".

Falou e deu outra gargalhada ao se despedir:

"Desejo. Não esqueça meu nome".

2ª JORNADA **Desejo revelado**

DIÁRIO DE BORDO

Seguir jornada é como sair do escuro.
É se permitir ter sonhos, é saber do que e de quem a gente gosta e também o que se quer mudar.
É ir à luta (por tudo que a gente quer), com a força de um guerreiro e a doçura da criança que sempre vai morar dentro de nós.
Seguir jornada é encontrar o outro, criar *links*, interagir, trocar.
O que a gente chama de mundo, hoje, funciona como uma grande rede, em que tudo e todos se conectam.
Tudo vira informação e circula: gostos, afetos, desejos, carências, identidade, valores de todo tipo.
A informação roda.
Roda na mídia, na internet, no corpo a corpo, no boca a boca. Informação.
Conhecimento é o que, de toda essa informação que circula, a gente separa, guarda e usa.
Essa é a nossa jornada, a nossa aventura... Tá ligado?
Então, se liga nessa...

H.U.M.A.N.O
Alta tecnologia a serviço da expressão

ESTA É A MAIS FANTÁSTICA MÁQUINA DE COMUNICAÇÃO E EXPRESSÃO JAMAIS CRIADA. POSSUI DOIS MODELOS GENÉRICOS: HOMENS E MULHERES.

DOTADA DE NEURÔNIOS, ESTA FANTÁSTICA MÁQUINA É CAPAZ DE PRODUZIR SINAPSES DE DIVERSAS NATUREZAS.

PENSA, AMA E EXECUTA MILHÕES DE MOVIMENTOS.

SEGURA, VEM COM INSTINTOS (DE FÁBRICA), SABENDO SE PROTEGER E SE AUTORREPLICAR POR ACOPLAMENTO ATRAVÉS DO REVOLUCIONÁRIO APLICATIVO CHAMADO SEXO (NÃO VEM COM PARCEIRO DE FÁBRICA).

GRAÇAS À SUA MEMÓRIA FOTOGRÁFICA, É CAPAZ DE ACUMULAR INFORMAÇÕES E NOVOS SENTIMENTOS.

PRODUZ SEU PRÓPRIO SOM, FALA DE FORMA LÓGICA, DOMINA IDIOMAS VARIADOS.

DESENVOLVE TAMBÉM A LINGUAGEM CORPORAL E A DOS SINAIS. PRODUZ, DANÇA, CANTA, FAZ CÁLCULOS COM PERFEIÇÃO.

MESMO COM TANTAS HABILIDADES, H.U.M.A.N.O., POR TER MECANISMOS DE RECEPÇÃO E DECISÃO MUITO SENSÍVEIS, PODE ESTRAGAR OU ENGUIÇAR ATÉ MESMO COM UM SIMPLES ELOGIO.

TEM MUITA DIFICULDADE DE LIDAR COM CRÍTICAS E DE PROCESSAR EMOÇÕES MUITO FORTES OU DESCONHECIDAS, O QUE DEIXA SUA PERFORMANCE ABSOLUTAMENTE IMPREVISÍVEL.

NOVOS APLICATIVOS ESTÃO SENDO CRIADOS PARA QUE H.U.M.A.N.O. UM DIA CONSIGA SE COMUNICAR E EXPRESSAR SEUS DESEJOS E DESCOBERTAS DE FORMA AINDA MAIS EVOLUÍDA.

NÃO É PERFEITO, MAS É O QUE HÁ.

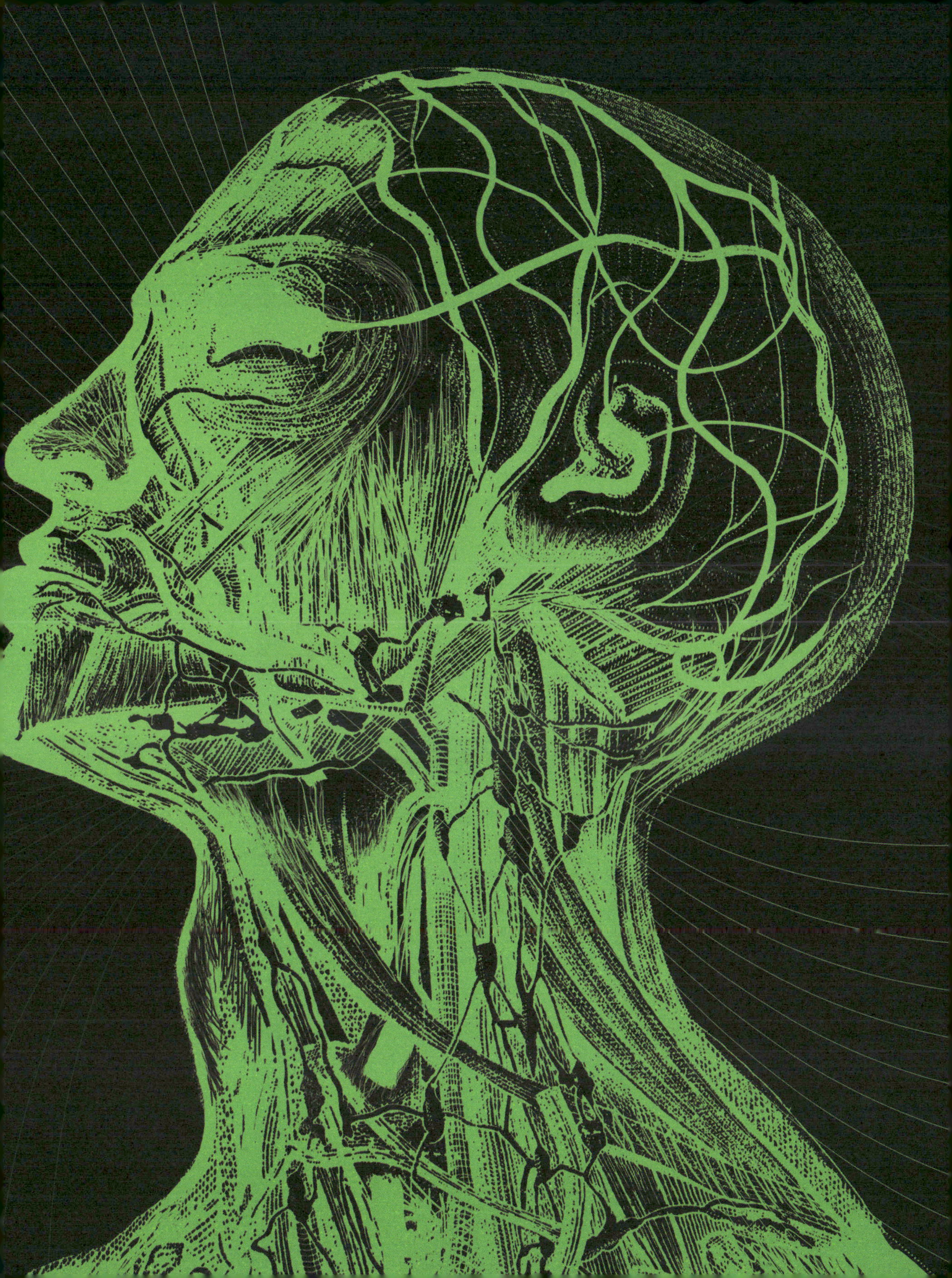

A grande rede da vida

As redes sociais aproximam ou afastam as pessoas?

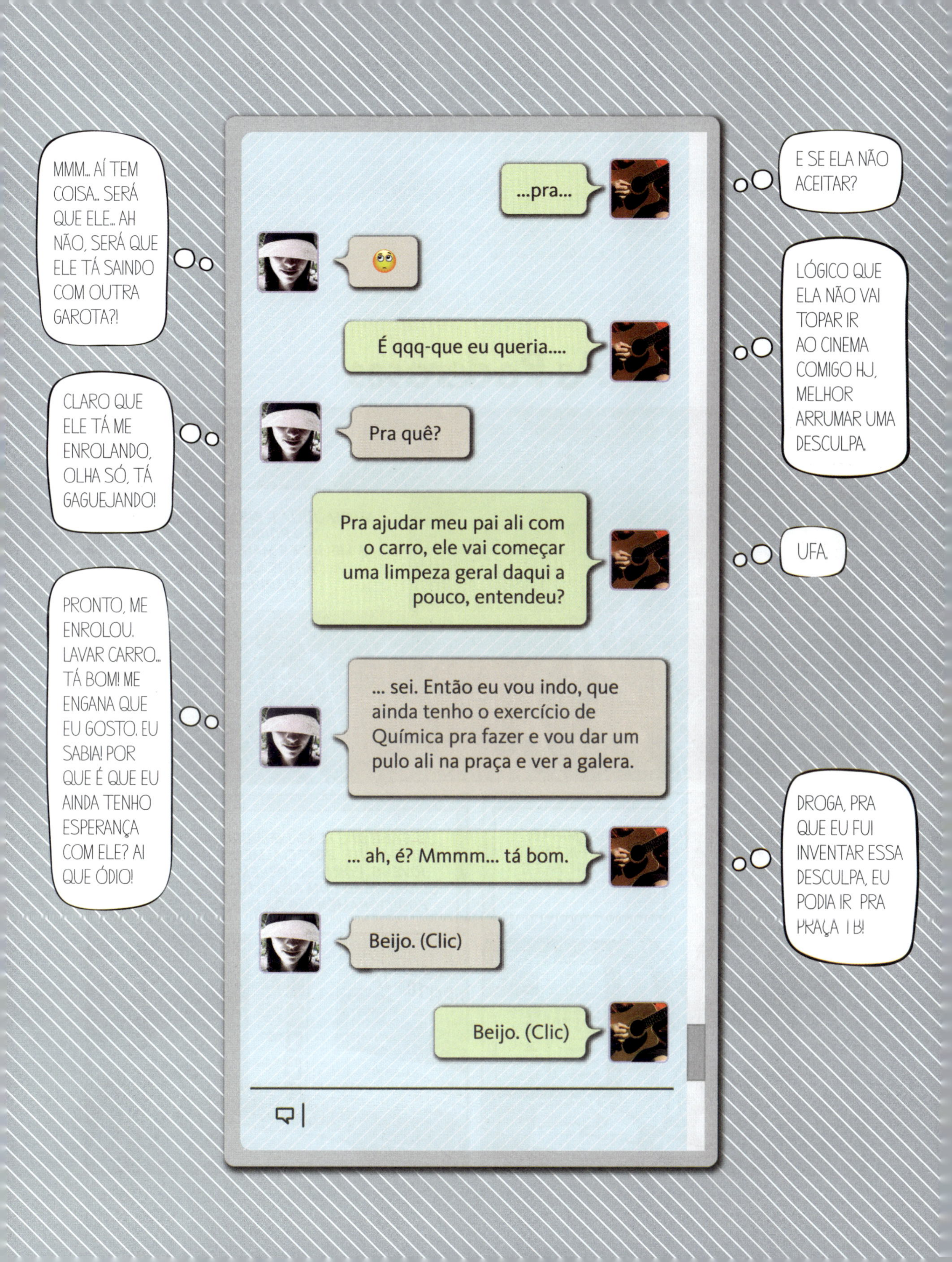
E SE ELA NÃO ACEITAR?
...pra...
MMM... AÍ TEM COISA... SERÁ QUE ELE... AH NÃO, SERÁ QUE ELE TÁ SAINDO COM OUTRA GAROTA?!
É qqq-que eu queria....
LÓGICO QUE ELA NÃO VAI TOPAR IR AO CINEMA COMIGO HJ, MELHOR ARRUMAR UMA DESCULPA.
CLARO QUE ELE TÁ ME ENROLANDO, OLHA SÓ, TÁ GAGUEJANDO!
Pra quê?
Pra ajudar meu pai ali com o carro, ele vai começar uma limpeza geral daqui a pouco, entendeu?
UFA.
PRONTO, ME ENROLOU. LAVAR CARRO... TÁ BOM! ME ENGANA QUE EU GOSTO. EU SABIA! POR QUE É QUE EU AINDA TENHO ESPERANÇA COM ELE? AI QUE ÓDIO!
... sei. Então eu vou indo, que ainda tenho o exercício de Química pra fazer e vou dar um pulo ali na praça e ver a galera.
... ah, é? Mmmm... tá bom.
DROGA, PRA QUE EU FUI INVENTAR ESSA DESCULPA, EU PODIA IR PRA PRAÇA TB!
Beijo. (Clic)
Beijo. (Clic)

Poderosas, superpoderosas, poder da música, poder do olhar, poder da alegria, poderes e mais poderes.

Mais poderosos ou menos, no mundo das relações, todos nós temos um poder só nosso, e é com ele que contribuímos para transformar as coisas.

Qual é o seu?

As Poderosas

BIBIANA NÃO PENSAVA DA MESMA FORMA E ACHAVA QUE JÚLIA SE DEDICAVA POUCO À CARREIRA.
SOCIAL
POR ISSO ELA SE NEGOU A PARTICIPAR DE UM EVENTO PELA PAZ E AS DUAS ACABARAM BRIGANDO FEIO.
ERA O FIM DAS PODEROSAS.
ENCANTAMOS, DIVERTIMOS COM A NOSSA ARTE...
E ASSIM INFLUENCIAMOS PESSOAS...
JUNTAS SOMOS PODEROSAS!
VAMOS CANTAR! NOSSA DUPLA NÃO PODE ACABAR ASSIM!
VAMOS! VIVA "AS PODEROSAS"!
"PODEROSAS UNIDAS, JAMAIS SERÃO VENCIDAS!"
Milhares de jovens celebram a paz em evento contra a violência
PAZ
AS PODEROSAS FIZERAM SEU MELHOR SHOW!

Compartilhe

"O labirinto"," H.U.M.A.N.O.", "Falar ou não falar... eis a questão" e "As poderosas" fazem parte de um mesmo universo: a busca do autoconhecimento pelo encontro com o outro. Não somos robôs, mas nosso *hardware* está preparado para exercer milhares de funções. E, ainda assim, somos relativamente frágeis e, indiscutivelmente, imperfeitos. A distância entre duas pessoas está mais curta. Mas se comunicar nunca é assim tão simples. No meio do caminho podem existir pedras de todas as naturezas: da mais simples timidez ao mais inexplicável preconceito.

Falamos, no início desta jornada, que o mundo atual vive em rede. Nesse sentido, se a comunicação interpessoal sempre teve suas dificuldades, a comunicação digital, hoje, aparentemente aproxima as pessoas. Porém, aproximar pessoas significa derrubar barreiras.

Que papel a comunicação tem hoje na diminuição dessas barreiras e na construção de um mundo mais justo e onde as pessoas, de fato, se comunicam?

COMPARTILHANDO...

Convidamos Jailson de Souza e Silva, professor de geografia da Universidade Federal Fluminense, no Rio de Janeiro, e fundador e diretor do Observatório de Favelas, a compartilhar esse tema conosco:

SLN: *Rede social aproxima ou isola as pessoas em seus "mundinhos"?*
Jailson: Esse é o problema. Depende sempre da forma como você convive no mundo. Se você só sabe se relacionar com quem é parecido com você, só sabe se relacionar com quem pensa como você e não quer ser contrariado, se você não se abre para a diferença, ela vai te aprisionar. Mas isso pode acontecer não só na vida virtual como na vida física também. Na verdade, o processo é o mesmo. O que conduz a sua vida no plano físico vai construir o mundo virtual. É a sua capacidade de conviver com o outro, de reconhecer o outro a partir de seus próprios valores. De se abrir para as diferenças, de se abrir para aprender, seja no mundo das redes sociais, o virtual, seja no mundo físico.

SLN: *Um rapaz foi despedido do emprego por causa de uma brincadeira com amigos na rede social dele. O que você acha desse tipo de coisa?*
Jailson: O processo de tentativa de controle das redes sociais está cada vez maior. Então, efetivamente, as barreiras entre o íntimo, o privado e o público vão diminuindo cada vez mais.

A rede social é pública. Quando a pessoa se propõe a apresentar sua vida privada nesse espaço, que é público, ela corre risco. É fundamental para quem participa das redes sociais ter bom senso, discernimento, maturidade e, principalmente, capacidade de se resguardar, de se proteger, de garantir sua autonomia e sua privacidade.

SLN: *Comunicação, preconceitos e outros estereótipos. Como esses temas se ligam?*
Jailson: Quando a gente pensa em comunicação, pensa em sujeitos. E a gente pensa em sujeitos diferentes. Nosso desafio é conseguir legitimar as diferenças entre sujeitos e pensar cada um deles no mesmo plano da igualdade e da dignidade humana. No século XXI, a combinação entre reconhecer diferenças e direitos iguais remete a algumas heranças importantes: o legado do direito de igualdade, que vem lá do século XIX, da luta dos trabalhadores, e o legado do direito à diferença, que vem principalmente do século XX: a luta das mulheres, dos negros, dos indígenas, dos homossexuais, o direito das crianças, assim vai. A comunicação entra nesse processo a partir destas duas percepções: do que nós temos de mais específico, de autêntico, e, ao mesmo tempo, do que a gente tem de mais comum. Então, construir uma comunicação que permita esse encontro é efetivamente reconhecer essas duas dimensões. A partir dessa premissa, a gente consegue construir uma comunicação que estimule efetivamente a vivência humanitária. Então, não é só a questão da comunicação, é o tipo de comunicação que é também fundamental.

SLN: *Como você vê as formas como os jovens se expressam atualmente, inclusive a violência?*
Jailson: A violência é uma forma de expressão e, muitas vezes, é demarcação de território, de identidade, a forma como a pessoa quer ser vista pela sociedade. Então, nosso primeiro desafio é tentar entender isso antes de julgar. Depois, tem que definir o que é violência – para mim é tudo aquilo que agride a dignidade do ser, seja violência física, seja violência psicológica, seja violência simbólica. Quando você sofre *bullying*, é uma violência; quando você negligencia cuidados com a criança, é uma violência; quando você agride outra pessoa fisicamente, é uma violência. Existem instituições que são violentas. A gente tem que romper com esses códigos de violência. Quando você define que a vida da pessoa que tem mais dinheiro, um emprego melhor e nível de ensino superior vale mais do que a de um jovem que mora na favela, tem ensino fundamental e está desempregado, você está tendo uma lógica profundamente violenta. Então, nosso desafio fundamental é romper com isso. O que sustenta a violência? É a visão de que existe o consumidor como referência social. Quem vale mais? Quem consome mais? Por isso está se matando no Brasil. São milhares de pessoas assassinadas. Mas todos têm direito a ter sua dignidade respeitada. E o nosso desafio fundamental é produzir mecanismos de sociabilidade que tenham, como pressuposto, outra concepção do ser humano. E é aí que entram os espaços onde o jovem pode se expressar.

Comunicar-se faz parte da natureza humana. Um recém-nascido tem vários tipos de choro e outros sinais para comunicar fome, dor, desconfortos variados e desejos. Desejos? Sim. Para podermos compartilhar desejos, temos que nos comunicar, nos expressar. Desejo e expressão. Parece simples.

Afinal, do que tratam as artes, a filosofia, a literatura, o cinema e, de certa forma, os esportes, as ciências etc.?

Possuir, expressar e revelar desejos faz parte do dia a dia de todos nós. Tudo nos leva ao outro. Aos outros. E vice-versa.

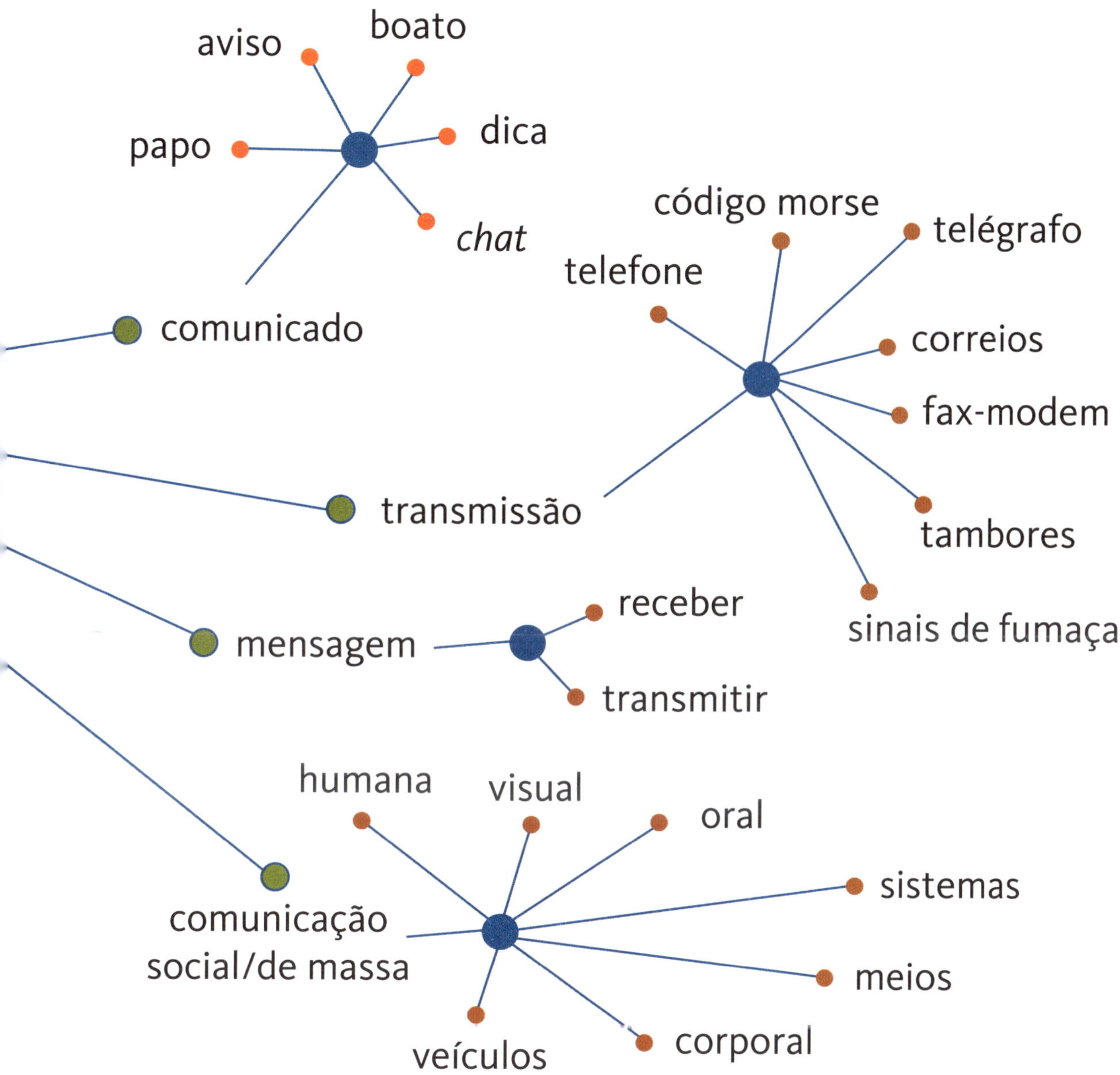

Entre você e os outros, entre mim e os outros, entre nós existe um universo de semelhanças e diferenças. Nós nos comunicamos para criar acessos, encaixes, estabelecer códigos, idiomas, rodovias entre nossos abismos e continentes.

Veja no esquema como a comunicação se ramifica. O que você acrescentaria?

Outras falas

Um ato de sobrevivência

A onda de manifestações no mundo árabe iniciada no fim de 2010, conhecida como Primavera Árabe, mostrou ao mundo que os jovens podem se organizar para serem ouvidos, além de confirmar a força dos meios de comunicação como uma poderosa arma política.

Praça Kasbah, Túnis, 14 de janeiro de 2011. A jovem Emna Fitouri estava lá, e, como ela, milhares de jovens também. Unidos e organizados, eles reivindicavam mudanças e contestavam o regime autoritário do país.

Segundo Emna, os jovens tunisianos estavam vivendo uma armadilha: se, por um lado, o sistema educacional do país é um dos melhores do continente africano, por outro, essa mesma educação não era suficiente para prepará-los para o mercado de trabalho. E, se conseguir um emprego já era difícil, mantê-lo era ainda pior.

A situação da Tunísia era parecida com a de muitos outros países: desemprego, falta de democracia e diversas outras formas de humilhação impostas pela ditadura.

Os jovens, como sempre tem ocorrido ao longo da história, mobilizaram-se para exigir respeito à dignidade e aos direitos humanos.

Pretendiam uma manifestação pacífica, iniciar uma mudança profunda no modo de funcionamento do país. E a mídia assim a reportou, como uma manifestação pacífica. Mas manifestações desse tipo geralmente não são aceitas de forma pacífica.

Os jovens foram às ruas desarmados e foram recebidos com tiros e bombas de gás lacrimogênio pelas forças policiais. Sentiram medo, alguns desmaiaram, viram sangue, viram gente morta. Mas *seguraram a onda*. Resistiram por dias a fio, pacificamente, enquanto sofriam todo tipo de violência vindo de um regime que dava seus suspiros finais.

Mas o que há de diferente nessa história a ponto de merecer destaque em matéria na *Revista da Unesco*?

A forma como os jovens utilizaram a internet e as redes sociais para apoiar seu movimento. A internet foi essencial para estudar outras ideias, conhecer outros regimes, ver que as coisas podem ser diferentes. Foi um espaço importante para discutir diversidade política e cultural. E as redes sociais foram a principal, se não única, ferramenta para que todos pudessem combinar de estar na mesma praça, no mesmo dia, na mesma hora.

A manifestação pacífica na Praça Kasbah deu o pontapé inicial para a construção de um novo país mais justo. E mostrou que a grande rede pode ser um antídoto à censura e um espaço real de discussão de novas ideias e mobilização social.

Há muitas formas de declarar um sentimento. Você tem alguma?
"TODA CAMINHADA COMEÇA COM UM PRIMEIRO PASSO."
LAO TSÉ
"FALAR É UMA NECESSIDADE, ESCUTAR É UMA ARTE." – Johan Goethe

"QUANTO MENOS ALGUÉM ENTENDE
MAIS QUER DISCORDAR"
GALILEU GALILEI
"ASSIM É SE LHE PARECE."
Luigi Pirandello

POR FALAR EM...

Identidade

"Identidade é uma concepção de si mesmo, composta de valores, crenças e metas com os quais o indivíduo está solidamente comprometido."

(Erick Erikson, 1972)

A formação da própria identidade é o portal por onde uma pessoa jovem, que ainda se vê um pouco como aquela criança sem autonomia, mas também sem maiores compromissos, precisa passar para se tornar um adulto, dono do seu próprio nariz, decidido a realizar seus sonhos e desejos e alcançar suas metas de vida.

Mas como chegar a esse portal e como atravessá-lo?

Primeiro é preciso identificar o que influencia sua formação, a começar pelas coisas que você traz de casa: seu jeito de ser, suas qualidades, as características da sua personalidade que você foi cultivando ao longo de todo esse tempo. Mas outros fatores também interferem no processo.

Nossa identidade inclui o que os outros pensam de nós. E temos que considerar também o que está rolando no mundo – no seu mundo, principalmente.

Claro que quanto mais você desenvolve sua identidade mais você se dá valor e também é capaz de admitir suas limitações e as tenta superar. Do contrário, é quase certo que você vai tentar se apoiar na opinião de quem está de fora.

Uma forma de se autoavaliar é observar o quanto você se sente comprometido com seus próprios objetivos e desejos. A pergunta é: "Será que estou investindo o bastante nas coisas que eu penso e quero?".

Mas não se cobre demais. Tudo e todos têm seu tempo. Basta não perder de vista que isso de estar comprometido com as coisas, o mundo, as pessoas e consigo mesmo é um sinal indiscutível de que você está encontrando o seu caminho, a sua identidade.

Identidade e papéis sociais

Na vida, desempenhamos muitos papéis. Mas, espere... Estamos falando da vida real ou de alguma novela, de um filme ou uma peça de teatro?

A arte imita a vida, lembra? Então... A vida em sociedade tem seus enredos tradicionais e nos reserva muitos papéis: o papel de filho, o de mãe, o de pai, o de profissional. Um professor, por exemplo, deve representar bem seu papel, que é o de dar aulas, transmitir conhecimentos aos alunos. É assim que seu trabalho (e ele próprio) será avaliado.

Esse professor pode ter filhos e, nesse caso, assume o papel de pai quando chega à casa e encontra as crianças. E, se for casado, vai desempenhar o papel de marido. E assim por diante. Em sociedade, estamos sempre desempenhando algum papel em diferentes contextos, como na família, na escola, no trabalho. Muita gente se identifica de tal forma com algum desses papéis que se torna impossível separar a pessoa do personagem que representa.

Em tempos de multiplicidade, como estes em que vivemos, somos desafiados a desempenhar vários papéis quase ao mesmo tempo. O que nem sempre é tarefa fácil.

Por exemplo: as mulheres, de forma geral, ainda hoje são chamadas a exercer funções que em algum momento foram exclusivamente femininas (cuidar da casa e dos filhos, pôr comida na mesa etc.). O problema é que a maioria das mulheres não tem mais esse tipo de vida que lhe permita ser apenas uma mãe cuidadosa e dona de casa feliz – e às vezes nem quer isso.

O mesmo se tem a dizer das funções masculinas (como trabalhar para sustentar a família). Mas o cotidiano contemporâneo começa a exigir que o homem ajude a mulher em casa também.

A pergunta é: quem determinou isso? Onde está escrito que as mulheres têm de cuidar da casa? O costume, os hábitos adquiridos e transformados ao longo do tempo.

Se estendermos questões como essas para os demais papéis sociais que representamos, haja conflito!

No trabalho isso também ocorre, daí a importância de entender o que a sociedade espera de nós e decidir o que é verdade ou circunstância. Em outras palavras: saber gerenciar e compatibilizar nossos interesses com as expectativas que temos (e, principalmente, os outros têm) em relação aos papéis sociais que desempenhamos.

Fim da segunda jornada

O enigma começa a se desvendar. A "sombra", no Jogo do Labirinto (que abre a jornada), deu a dica: cuide do seu desejo e o expresse. Identificar o que a gente quer já é uma tarefa desafiadora; expressar nossos desejos é indispensável. As coisas não caem do céu. Os meios de comunicação podem facilitar, mas somos nós mesmos quem comandamos nossa expressão. Saber se comunicar já é um grande passo em direção aos sonhos, desejos e objetivos. Um grande passo em direção ao outro, aos outros, e, é claro, em direção a nós mesmos. Simples? Fácil de falar, mas nem sempre de viver. Às vezes, é preciso enfrentar desafios assustadores, chegar ao fundo do poço antes de renascer. Vamos em frente. Nossa jornada só tem passagem de ida.

POR FALAR NISSO – *links* e referências

1. Compartilhe...

http://www.mapadaviolencia.org.br/mapa2011.php

O jovem é mais vulnerável à violência? O jovem pratica mais violência? Quais são as práticas violentas que mais afetam a juventude brasileira? O mapa da violência da juventude foi um estudo elaborado por pesquisadores em parceria com o Ministério da Justiça para entender melhor a "cara" desse problema quando se relaciona à juventude. Entendendo melhor, buscam-se soluções melhores!

http://www.facebook.com/mjpopbrasil/

Quem disse que política pública não é coisa de jovem? No MJPOP, a juventude é convidada a discutir, planejar e implementar essas práticas, sempre com outros atores importantes da comunidade e do governo. O projeto prevê que os jovens aprendam sobre regras de funcionamento do Estado, mas também proponham alternativas e novas soluções ao andamento da sociedade. Aprendendo a se expressar melhor e sendo protagonista de novas propostas, é hora de juntar esforços e pôr as mãos na massa.

2. A palavra é... Comunicação

http://www.facebook.com/espocc/

Pensada para quem quer comunicar sua própria realidade social, a ESPOCC desenhou seus cursos (jornalismo, publicidade, marketing etc.) que dão um certificado de Extensão para os

alunos inseridos em uma comunidade com demandas de políticas públicas urgentes. A ideia é que comunicação se alie à mudança social e que os jovens formados sejam portadores dessa transformação. A ESPOCC é apenas um exemplo. Já procurou saber se na sua região é possível aprender sobre comunicação, transformando o mundo em algo melhor?

3. Outras falas

https://www.facebook.com/Grupo-de-Dança-Sobre-Rodas-Corpo-em-Movimento-198853953546330
Há muitas formas de se expressar, mesmo quando não dispomos de todas as nossas faculdades físicas. Um exemplo disso é o Grupo de Dança sobre Rodas Corpo em Movimento, da Associação Niteroiense dos Deficientes Físicos (ANDEF), que inclui dançarinos cadeirantes. Pessoas com necessidades especiais, que nem por isso deixam de se comunicar e produzir arte. Conheça melhor as conquistas desse grupo no link acima e veja como a comunicação é um importante dom a ser exercido por todos, mesmo quando exige uma atitude de superação. Aproveite e visite, também, o site da ANDEF: http://www.andef.org.br/.

4. Por falar em... Identidade

O premiado longa-metragem de Jorge Durán (2006) retrata, por meio de seus três personagens jovens, o confronto entre o desejo e a necessidade de liberdade e a descoberta de aspectos mais duros da vida, como a violência social nas periferias urbanas. Apesar do choque com a realidade, os personagens aprendem a valorizar o lado poético de suas vidas nesta fase, descobrindo o poder da solidariedade e do respeito pela vida daqueles que são socialmente mais injustiçados. Sem perder a ternura.
Filme: *Proibido Proibir*. Direção: Jorge Duran (Brasil, Espanha, Chile, 2006). Elenco: Caio Blat, Maria Flor, Alexandre Rodrigues, entre outros.

ISSO DÓI?

Cheguei sem fome. Fui até a cozinha, como faço todos os dias. O almoço parecia apetitoso. Mas não rolou. Meio enjoado, corpo doendo. Logo hoje, com tanta coisa para fazer. Sono.

Minha irmã chegou e foi logo tocando terror: "O que você tem? Deixa eu ver. Cara, você tá com febre. Melhor procurar um médico".

"Isso passa logo", tranquilizei.

Lembrei dos tempos de molequinho, com dor de garganta ou dor de barriga ou dor de não sei o quê.

Você não caiu, não tropeçou, não brigou com ninguém, nem com fome você está. Mas a dor acontece. Você chora, reclama. Alguém diz logo que é manha. Ora, onde já se viu dor de manha?

Sua mãe ou um outro anjo de plantão explica o motivo: "Dor de crescimento. Você não quer ficar grande também?" Passa um remedinho, faz uma massagem e pronto. No dia seguinte, você nem lembra mais. Sabe que cresceu um pouquinho, porque essas coisas a gente não fica sabendo com a cabeça, mas com o corpo todo.

Será que crescer sempre dói? Qualquer forma de crescimento dói? Dizem que a gente cresce a vida toda. O corpo para de crescer, mas o sentimento, a inteligência, o entendimento das coisas continuam.

"Toma esse remedinho e descansa. Se não melhorar, vou te levar pro posto de saúde."

"Valeu, maninha, relaxa, são só as dores do crescimento", argumentei.

Meu anjo da hora não quis conversa: "Tá legal... mas te cuida, valeu? Toma isso aí e descansa!"

3ª JORNADA Crise e crescimento

Desafios, encruzilhadas, abismos.
Os perigos rondam aqueles que se lançam à aventura de viver.
É preciso estar atento e saudável.
Saúde é o nosso estado natural, mesmo assim precisamos cultivá-la.
Saúde do corpo e da mente. Tendo saúde, que venha a vida.

O corpo é o limite

Ele está presente nos bons e maus momentos. Nosso corpo é o nosso limite. Cuidando bem dele estamos beneficiando, também, nossa mente, nossas relações e até o meio ambiente, já que somos parte dele. Podemos dizer que cada indivíduo desenvolve seu ecossistema pessoal ao se relacionar com os quatro elementos da natureza: água, ar, terra e fogo.

ÁGUA

Sem água não existiria vida. Mais de 70% do organismo humano são compostos de água. Nosso corpo está constantemente consumindo e eliminando água.

Beber água

A água ajuda a regular o funcionamento do organismo. Regula a atividade dos órgãos, ajuda a eliminar toxinas, ajuda a prevenir doenças. Aproveite, beba água.

Higiene

A água é também essencial para a nossa higiene pessoal. Tomar banho é indispensável. Previne doenças e, dependendo da temperatura da água, interfere em nosso metabolismo – banhos gelados aceleram o ritmo e banhos quentes ajudam a relaxar.

Lavar as mãos

As mãos são o principal meio de contágio de doenças por vírus e bactérias. Lavar as mãos ao chegar em casa e antes de manusear alimentos é indispensável.

AR

Respirar bem é indispensável para a manutenção da saúde. Algumas práticas ajudam a respirar melhor.

Fazer exercícios

As práticas esportivas e os exercícios físicos em geral previnem muitas doenças, como diabetes, derrames e infartos; reduzem os níveis de colesterol, liberam hormônios que combatem a depressão, controlam o peso.

Dica de exercício: trilhas e caminhadas são práticas saudáveis que não requerem grandes investimentos, possibilitam contato com a natureza, unindo atividade física e ar puro.

Sono

Dormir é essencial. É mais importante a qualidade do sono do que as horas de sono. Dormir estimula a produção de hormônios e a renovação celular.

TERRA

Uma forma de estar em harmonia com este elemento da natureza é por meio de uma boa alimentação.

Alimentação balanceada

O corpo humano precisa de proteínas, vitaminas e minerais para funcionar corretamente, e nenhum alimento pode suprir sozinho todas as nossas necessidades. É importante ter uma alimentação balanceada: um cardápio variado com legumes, folhas, frutas, proteínas, leite, fibras e grãos.

Sexo

A atividade sexual, além de possibilitar a reprodução, é também fonte de prazer. Para evitar doenças sexualmente transmissíveis e gravidez não planejada, é preciso se proteger na hora do sexo. Existem muito métodos para evitar a gravidez, mas somente o uso da camisinha pode prevenir doenças sexualmente transmissíveis, como AIDS, gonorreia e muitas outras.

Álcool e drogas

Entre as muitas substâncias produzidas direta ou indiretamente pela TERRA, algumas devem merecer nossa atenção, como as bebidas alcoólicas e as drogas. Amplamente usadas ao longo da história em festejos e celebrações, essas substâncias exigem muito cuidado, já que perderam essa característica ritual e transformaram-se em produtos de consumo. Podem causar seriíssimos problemas de saúde e comportamento social.

FOGO

O sol é a fonte básica de quase toda a energia do planeta. Ele está presente de muitas maneiras em nossa vida. Da mesma forma, determina a dinâmica dos dias e das noites e das estações frias e quentes do ano.

Sol

Pegar sol é extremamente importante! Os raios solares ajudam na absorção de cálcio e fósforo pelos ossos e dentes, na dilatação dos vasos sanguíneos, melhorando a circulação do sangue e a oxigenação do organismo. Ajuda a prevenir câncer de mama e até mesmo a cicatrizar as inflamações da acne. Mas é preciso tomar cuidado: sempre que sair ao sol, use protetor solar e chapéu, e procure não se expor no período que vai de 10h às 16h, para evitar queimaduras e câncer de pele no futuro.

Revelações

Crises, escolhas, sentimentos desencontrados. Tudo pode ser motivo para um drama pessoal, mas certas situações exigem um pouco mais de quem está passando por elas.

NÃO ACREDITO...
RUBINHO FOI TIRAR AQUELA HISTÓRIA A LIMPO...
ERA VERDADE.
COMECEI VENDENDO E ME VICIEI...
TEM UMA GRANA AÍ? TÔ FISSURADO...
RUBINHO VOLTOU PRA CASA ARRASADO.
UM CARA TÃO BACANA... COMO É QUE FICOU ASSIM?
O QUE FAZER AGORA? TENTAR TIRÁ-LO DESSA VIDA?...
... CONVERSAR COM ALGUÉM? PEDIR AJUDA PARA ARRANJAR UM TRATAMENTO OU SIMPLESMENTE IR VISITÁ-LO DE VEZ EM QUANDO?
O QUE VOCÊ FARIA?

O beijo

Quem me conhece sabe que curto mesmo essa de ser uma menina séria, fiel, leal com as pessoas. Mas, às vezes, acontecem coisas que a gente não explica. Deixa eu contar.
Desde muito cedo, namoro o Anderson. Sabe aquela pessoa que você tem certeza que vai ficar o resto da vida do seu lado? Lindo, gente boa, compreensivo, educado, atleta, tudo de bom. Nós sempre nos divertimos no carnaval, juntinhos. Esse ano ele teve que viajar, mas me recomendou: "Promete que vai se divertir por nós dois?". Prometi, né!

E o carnaval chegou. Inventei uma fantasia e fui pra rua com minhas amigas. As meninas estavam na maior pilha. Lá pelas tantas, olho em volta e todas tinham sumido. Mas eu prometi que ia me divertir e continuei tentando. Foi quando aconteceu o inesperado: um beijo.

O cara era horroroso, mas sabia beijar como um deus ou um diabo, sei lá. Pior, não foi um beijo roubado, como pode parecer. Quando ele se aproximou, bateu um tesão que eu nunca tinha sentido, praticamente puxei ele pra mim. Rolou uma química incontrolável. Nem dá para descrever o tal beijo: longo, molhado, mordido, pegado. Depois, fugi entre as pessoas.

"Chega! Já me diverti bastante", suspirei com meus hormônios. Por eles, hormônios, completamente descontrolados, eu ficava ali experimentando outras bocas, outros cheiros, outras pegadas... Ai, meu Deus! Mas a razão venceu. E só de pensar na carinha do Anderson se ficasse sabendo das minhas aventuras, me fez ir correndo pra casa.

No dia seguinte, decidi esquecer definitivamente o carnaval. Mas adivinha quem me aparece na rede social, solicitando amizade? Ele mesmo, o cara do beijo: amigo de amigo, de amiga, de amiga... Leandro.

"Não vai dar não, Leandro. Carnaval agora só com meu namorado."

É, mas o Leandro insistiu que tinha que me ver... E eu fui. Fui e rolou de tudo. Sabe amor de carnaval? Eu tinha bebido, sei lá... e foi sem proteção, sem nada. Deixei rolar.

Umas semanas depois, minha amiga Liginha, que era a amiga do amigo do amigo que o Leandro conhecia, me ligou preocupada, falou que ele era o maior galinha e rolava uma história que tinha HIV. Fiquei desesperada e fui correndo fazer exame para saber se tinha me contaminado. Resultado só em dez dias.

Anderson nem de longe imaginava o meu drama: “Não, amor, vamos nos ver amanhã. Hoje estou cheia de coisa pra fazer”. Passei o dia chorando e disse em casa que era problemas com namorado. Tadinho.

Saiu o resultado do exame: NEGATIVO.

“Que susto, hein, moça? No seu estado, então, já imaginou...”, comentou a atendente do laboratório.

“No meu estado? Que estado? Que brincadeira é essa? Não venha me dizer que estou grávida?”

... Longo, molhado, mordido, pegado. Alguns minutos e a vida virou de ponta-cabeça. E a gente pensa que só acontece com os outros.

Uma jogada diferente

Desde cedo, Lila escutava de todos que poderia ser modelo e que certamente casaria com um homem maravilhoso, rico e bonitão. Ela nem sabia se era isso que queria, mas já que todo mundo falava... Mas, por enquanto, ela seguia jogando vôlei. Era na quadra que se sentia forte e verdadeiramente importante.

Um dia foi surpreendida pela chegada de uma menina nova no time. Assim como Lila, ela também era atacante. O time cresceu com sua chegada. Lila estranhava ter perdido seu espaço de único destaque, mas ver essa menina jogar provocava nela uma espécie de encantamento, difícil de entender.

A menina nova se chamava Iara. Tinha uma desenvoltura especial. Jogava fácil, não errava uma bola e sempre surpreendia com jogadas arriscadas. Além de jogar bem, também era bonita.

O tempo foi passando e Lila não falava muito com Iara, mas curtia muito ficar olhando o jeito de ela jogar.

Iara percebera, há tempos, os olhares de Lila. E adorava. Ela não cansava de puxar papo com a colega e rival: "Vamos tomar um suco?" Nada. Lila nunca podia.

Quem tinha que aturar era Fábio, o namorado de Lila: "Essa Iara é muito metida. Parece que ela faz questão de chamar atenção". Fábio escutava, sem entender muito bem por que ela se importava tanto com a menina.

No fim de um treino, Lila foi até o vestiário tomar uma ducha e, ao abrir a porta de um dos chuveiros, encontrou Iara em pleno banho. Mais bela ainda.

Foram tantas as sensações que invadiram Lila naquele momento que ficou sem ação. Ela mesma não entendeu na hora... Ficou vermelha, fechou a porta e saiu correndo.

No caminho de casa, relembrava cada curva do corpo da colega e percebeu que tinha achado Iara um tesão: tudo nela era incrível, não só o corpo, mas o cabelo, os olhos, o tom de voz.

“Como assim, estou sentindo isso por ela? Ela é uma menina. Eu não gosto de meninas... Não que eu saiba... Será que... não, não pode ser! Mas será que.... ? Será que eu sou gay?”

Compartilhe

Há momentos em que a vida nos chama com força e exige decisões inéditas. Situações difíceis de serem enfrentadas em qualquer fase da vida, mais ainda quando ocorrem entre jovens e adolescentes. Fatos ligados à sexualidade, homossexualidade, drogas, gravidez não planejada, saúde, mudanças de comportamento. Temas que, quando são abordados em grupo, dão muita discussão.

COMPARTILHANDO...

Convidamos a Dra. Evelyn Eisenstein, médica de adolescentes e autora do livro *Fala sério! Perguntas e respostas sobre adolescência e saúde,* que há algumas décadas trabalha com jovens e adolescentes, para compartilhar conosco essa jornada que trata das... Crises.

SLN: *Por que simples tomadas de decisão, escolhas estéticas ou de amizades ou a busca de novas experiências podem deflagrar crises?*
Evelyn: A adolescência é a época certa dos questionamentos e da busca de alternativas para vencer tantos desafios e mudanças que acontecem ao mesmo tempo, como se fossem turbilhões em busca de respostas para se viver melhor. Por isso acontecem crises ou conflitos e confrontos com a família, pois, se "tudo ficasse na mesma", nada mudaria e o adolescente se tornaria uma criança grande e dependente dos pais para sempre!
Ser adolescente é difícil porque também existem as mudanças emocionais na busca da independência em relação à família e da sua própria autonomia. E quando as opiniões são diferentes, pois o tempo não ficou parado entre as gerações com a evolução social constante, os conflitos aparecem, causando sofrimentos, traumas e tantas crises entre pais e filhos. As complicações poderiam ser mais bem resolvidas se houvesse mais apoio, respeito e diálogo entre adolescentes e suas famílias e mais oportunidades de integração na sociedade para esse grupo etário.

SLN: *Desejos desconhecidos, curiosidade, situações e sentimentos fora de controle, tabus e preconceitos, juventude e sexualidade: como separar os mitos das verdades?*
Evelyn: Durante o período da adolescência ocorrem a maturação sexual e o desenvolvimento das características sexuais secundárias, de acordo com o aumento da produção hormonal, dos estrogênios no sexo feminino e dos androgênios no sexo masculino. O aparecimento do

broto mamário aos 10-11 anos, nas meninas, é seguido pela primeira menstruação ou menarca, que é a perda do sangue mensal que denota o aumento do útero e a produção de óvulos nos ovários e, daí, a possibilidade de reprodução e gravidez. Nos meninos, além do crescimento da genitália, com o aumento do tamanho do pênis e dos testículos, inicia-se a produção dos espermatozoides e a saída do líquido seminal estabelece a semenarca ou a primeira ejaculação com a possibilidade de fecundação. Portanto, a menina se torna mulher e o menino se torna um homem e ambos ficam aptos a procriar, garantindo a reprodução e perpetuação da espécie humana. Porém a gestação que ocorre durante a adolescência assume maior risco tanto biológico como psicossocial, trazendo muitos problemas de saúde para a mãe adolescente e para seu recém-nascido, como prematuridade e baixo peso.

Existem também questões de gênero, que é o conjunto de papéis, atitudes e funções que são atribuídos à mulher ou ao homem e que acabam diferenciando a construção da identidade sexual durante a adolescência. Muitas vezes essas questões provocam dificuldades de assumir condutas e comportamentos diferentes dos que são esperados socialmente para cada gênero, pois muitas das características femininas e masculinas são culturalmente construídas e, às vezes, até contraditórias em estereótipos veiculados pelos meios de comunicação. Por isso ainda há tanta homofobia, além de outros obstáculos sexuais que surgem em grupos sociais ou religiosos.

SLN: *O que são DSTs?*

Evelyn: DST é a sigla para denominar doença sexualmente transmissível, ou seja, doenças que se transmitem principalmente pelo contato sexual, podendo causar vários problemas genitais ou corporais, inclusive graves infecções ou mesmo, em casos extremos, a morte. Existem mais de 25 tipos diferentes de DSTs, todas causadas por microrganismos que são invisíveis, como as bactérias, vírus, fungos, por exemplo. A maioria dessas doenças tem cura ou pode ser controlada, desde que seja diagnosticada corretamente pelo médico e que as orientações para o tratamento sejam seguidas. Mas nem sempre as DST apresentam sinais ou sintomas aparentes, e por isso é importante só manter relações sexuais com proteção, usando os preservativos, também conhecidos como camisinhas. Uma relação sexual verdadeira deve ser embasada no respeito e no cuidado com o parceiro ou a parceira, daí a responsabilidade de a intimidade ter que ser compartilhada entre os dois.

Algumas das DSTs já podem ser prevenidas com o uso das vacinas, como é o caso da hepatite B ou do HPV, sigla de *human papiloma virus*, que causa o câncer cervical em mulheres e o câncer peniano em homens. Qualquer ferida ou corrimento genital é motivo suficiente para procurar um médico e realizar exames laboratoriais para diagnóstico e tratamento corretos. Mas o campeão da prevenção dos problemas é o cuidado que se deve ter com o próprio corpo e o respeito ao outro, pois todas as pessoas estão vulneráveis às

DSTs; por isso é preciso usar a camisinha em qualquer relação sexual, pois a vida está em jogo e ninguém quer pegar DST ou HIV nem qualquer outra doença durante uma relação sexual.

SLN: *Por que, cada vez mais, adolescentes engravidam?*
Evelyn: A gravidez que ocorre durante a adolescência é ainda relacionada à falta de informação sobre os cuidados com o corpo durante uma relação sexual. Ou a famosa desculpa: isso não vai acontecer comigo! Muitos adolescentes testam seus limites corporais e outros ainda ficam intimidados ou envergonhados em perguntar ou exigir do parceiro ou da parceira que use corretamente o preservativo, a camisinha ou a pílula anticoncepcional. Existem vários métodos para evitar a gravidez e todos têm vantagens e desvantagens, indicações e contraindicações e por isso deveriam ser prescritos durante uma consulta médica, o que geralmente não acontece durante a adolescência, por medo, vergonha ou mesmo dificuldades de acesso ao serviço de saúde. A falta de diálogo aberto com os pais é também uma das principais causas, pois os adolescentes acabam escondendo da família o início das relações sexuais e, ao engravidar, demoram a procurar ajuda ou a buscar consultas. Existem também casos de gravidez que acontecem durante a adolescência por causa de abusos sexuais. A porcentagem estimada é de 10% a 15%, com base em relatos de adolescentes nos vários serviços de atendimento no Brasil.

SLN: *Em qualquer situação, nosso corpo é o limite. Saúde é básico para termos uma vida com qualidade. Quais os principais cuidados com a saúde?*
Evelyn: Saúde é esta sensação maravilhosa de bem-estar, de ter energia para qualquer atividade, fazendo o corpo vibrar com alegria ao viver cada momento da vida e todos os dias, crescendo em paz e satisfação durante a adolescência, em vez de enfrentar tensões, crises e conflitos diários consigo mesmo ou a família.
Para isso é importante assegurar uma alimentação equilibrada, com refeições balanceadas. Escolher os alimentos naturais em vez de somente industrializados. Portanto, o ideal é aumentar a ingestão de leite ou derivados, como queijos, iogurtes ou sorvetes, pois contêm o cálcio essencial para o crescimento ósseo. Frutas ou sucos de frutas, duas a três vezes por dia, pois contêm vitamina C. Comer verduras e legumes, além dos cereais, como os grãos, feijão, aveia e trigo integral, pois contêm vitamina B. As proteínas, como carnes, peixes, ovos e produtos de soja, pois são os principais materiais de construção do corpo, além das gorduras ou lipídeos e os açúcares ou carboidratos, que não devem ser consumidos exageradamente. Uma boa alimentação é a rotina de três refeições e dois lanches divididos entre as atividades diárias. Não se deve esquecer de beber água, principalmente depois de exercícios ou em dias ensolarados. Dormir bem e pelo menos de oito a nove horas por noite é essencial como hábito de sono para um adequado padrão de crescimento. Evitar prolongar a noite usando a televisão ou o

computador e dormir tão tarde que no dia seguinte as dores de cabeça, a desatenção e a falta de concentração na escola aparecem, além de desmaios.

Exercícios de alongamento, simétricos e aeróbicos, devem ser praticados todos os dias ou pelo menos três a quatro vezes por semana, durante uma hora, para trabalhar a postura correta e evitar o sedentarismo tanto nas meninas como nos meninos.

E nunca esquecer dos hábitos de higiene, como um bom banho diário, lavando e limpando as regiões "mais esquecidas", como a genitália, entre os dedos dos pés e as axilas, além do rosto, para evitar espinhas e diminuir a oleosidade da pele, que causa a acne característica das mudanças puberais.

Não esquecer da vacinação e verificar a atualização do cartão de vacinas. Procurar um posto de saúde mais perto de casa para verificar se o esquema de vacinação está atualizado e sempre solicitar ajuda médica quando for necessário. Em caso de qualquer dúvida, procurar mais informações ou orientações.

SLN: *Por que muitos jovens usam drogas?*

Evelyn: A droga é qualquer substância que modifica as funções do organismo e, na adolescência, o desenvolvimento cerebral e mental. Por isso são conhecidas como substâncias psicoativas ou pela sigla SPA. As drogas podem ser divididas em três principais grupos, como estimulantes, depressoras e alucinógenas ou perturbadoras.

É importante ainda diferenciar as drogas legalizadas e amplamente consumidas (como as bebidas alcoólicas, os cigarros, o café e muitos medicamentos) e as drogas consideradas ilegais ou ilícitas, que são proibidas por lei. Mas todas as drogas são perigosas, pois o uso prolongado, crônico, intenso na adolescência pode levar a muitas complicações no desenvolvimento cerebral e à morte precoce na adolescência, principalmente quando associadas aos acidentes de carros ou motocicletas.

Os adolescentes usam drogas por vários motivos, como a curiosidade na busca de experimentações de novas sensações e principalmente porque querem descobrir por si mesmos "qual é a da droga" ou por que é tão proibido ou por pressão de outros adolescentes, para serem "iguais aos outros do mesmo grupo". Muitos procuram nas drogas algum alívio para sofrimentos ou problemas emocionais que estão passando, como conflitos com os pais ou problemas na escola. Outros por serem influenciados na própria família, por pais que usam drogas, cigarros ou bebidas alcoólicas sem restrições.

Mas os efeitos podem ser agudos e intensos ou crônicos e prolongados, levando adolescentes a consumir mais quantidades e mais vezes e, pior, misturando as drogas entre si ou com bebidas alcoólicas, principalmente durante festas. E droga nenhuma resolve problemas; ao contrário, só piora a situação. Enfim, o adolescente se torna cada vez mais dependente e controlado pela droga e pelos traficantes, pois sua vida fica alterada em todas as relações afetivas, familiares e sociais. Adolescentes que começam a abusar das drogas precisam de ajuda médica e psicológica para entender os motivos dessa necessidade e perceber as consequências dos abusos para o resto de suas vidas. O maior risco da dependência da droga é a morte precoce e os anos perdidos de vida, além de as drogas serem atualmente consideradas o maior problema de saúde pública e a principal causa da violência no mundo.

Glossário da entrevista*

Adolescência
Termo que descreve um fenômeno cultural, histórico e social que acontece entre os dez e os vinte anos de idade, época em que acontecem as mudanças biológicas do crescimento corporal e da maturação sexual da puberdade. Juventude é um termo mais coloquial, utilizado sem restrições para designar pessoas de até 25 anos, um critério usado pela Organização das Nações Unidas (ONU) para diferenciar este período da infância ou da vida adulta e da velhice.

AIDS
É a sigla de acquired immuno deficiency syndrome, causada por um vírus transmissor conhecido como human immunodeficiency virus. Daí a sigla HIV, ou seja, o vírus da imunodeficiência humana que atinge o sistema imunológico da pessoa, causando outras doenças e infecções generalizadas. O HIV também pode ser transmitido por mulheres ao seu feto durante a gestação, é a transmissão vertical. Por isso a importância do diagnóstico correto durante os exames de pré-natal de todas as mulheres grávidas, inclusive as adolescentes. A AIDS ainda não tem cura ou vacina, embora seja possível conseguir um melhor controle sobre essa doença com medicamentos.

Educação sexual e campanhas públicas
Campanhas públicas educativas sobre a prevenção da gravidez e DSTs nos meios de comunicação, além do acesso gratuito aos contraceptivos e preservativos durante a adolescência (não só nos serviços de saúde, mas também em escolas, clubes e outros locais selecionados na comunidade, como em festas e outras situações), contribuiriam para diminuir tais problemas. Assim como campanhas esclarecedoras e motivadoras, cuja mensagem principal deveria ser SEMPRE a vitória do par imbatível em qualquer relação sexual: o uso da pílula/contraceptivo + a camisinha/preservativo.

Tipos de drogas
Os estimulantes mais conhecidos são o cigarro/nicotina, o café/cafeína, a cocaína/derivados, como o crack e as anfetaminas, e também os anabolizantes, que são medicamentos produzidos em laboratórios. Essas drogas aumentam a atividade cerebral, provocam excitação e sensações de ausência de sono, fome ou cansaço.
Os depressores fazem o cérebro funcionar mais devagar, causando a diminuição dos reflexos e da coordenação motora, como no caso do álcool, dos tranquilizantes e sedativos e da heroína.
Os alucinógenos ou drogas perturbadoras alteram o sentido da percepção da realidade, causando delírios, alucinações e confusões mentais, como no caso da maconha, também chamada de *marijuana,* e outros componentes sintéticos derivados do ácido lisérgico ou LSD, como o *ecstasy* e tantos outros comprimidos ou pós que são misturados à cocaína.

Prevenção de DSTs e gravidez
O Sistema Único de Saúde (SUS) proporciona atendimentos e acompanhamento médico gratuitos. Esses serviços incluem distribuição de camisinhas e outros métodos anticoncepcionais, remédios para portadores de HIV e outras doenças sexualmente transmissíveis (DSTs), exames e testagens, entre outros. Você também pode ser orientado por um profissional sobre prevenção e cuidado com DSTs. Tudo isso pode ser encontrado em postos de saúde, hospitais públicos e Centro de Testagem e Aconselhamento (CTAs).
O programa nacional de tratamento de AIDS oferecido pelo SUS é referência em todo o mundo.
Para saber mais, acesse os sites:
portalsaude.saude.gov.br
www.aids.gov.br

A palavra é... CRISE

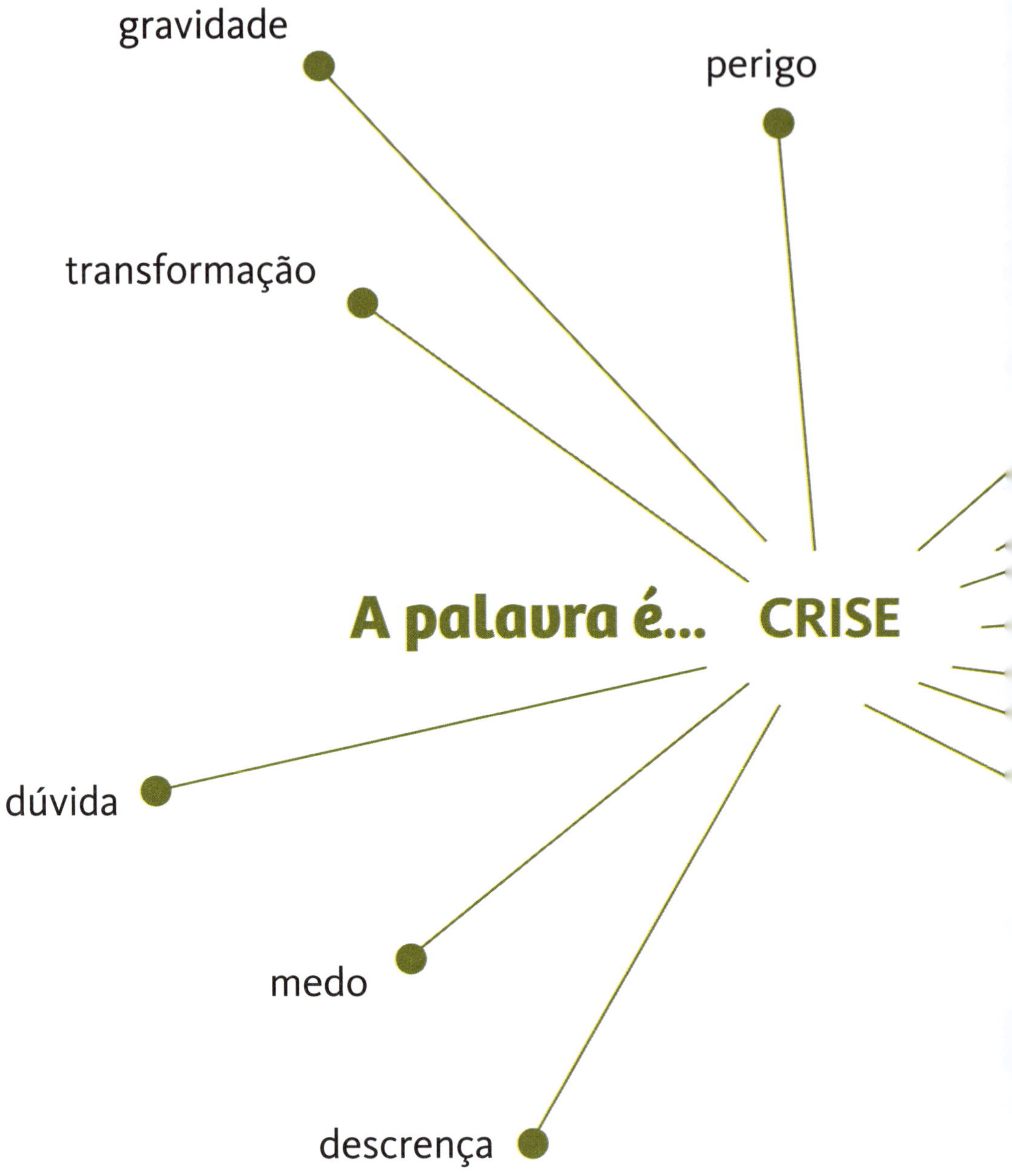

A crise está na boca do povo: crises econômicas, políticas, de valores, crise do planeta, da meia-idade, dos 40, crises e mais crises. Quase tudo entra em crise.

Na verdade, estamos falando de vida, falando de riscos, situações limite e insustentáveis.

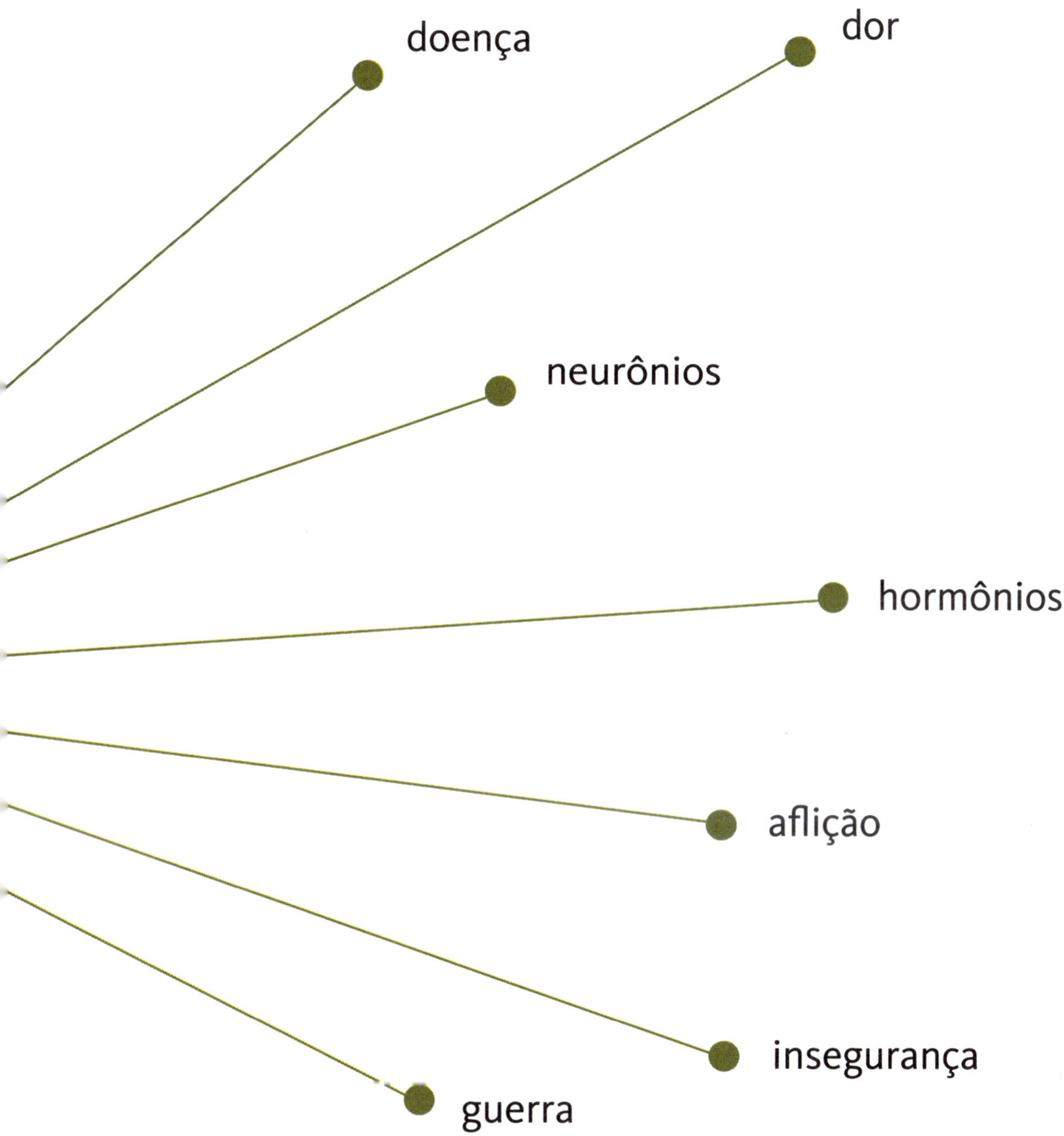

Conflitos. Crises são conflitos agudos, muitas vezes sem volta, quedas, mudanças radicais, renascimentos. Toda jornada tem suas crises; a nossa tem também. Temos que encará-las. Como tempestades, crises assustam, podem provocar danos, perdas, mas acabam passando.

Neste esquema, vemos algumas palavras que se relacionam com CRISE. Não são as únicas, mas já dão o que pensar, não é?

Outras falas

ELA...

ELE...

ESPELHO, ESPELHO MEU

Me diz a verdade:
Quem sou eu? Não sei mais.
Olho pra você menino,
Você me chama de rapaz.
Cadê meu corpinho liso?
Meu chulezinho, meu sorriso?
Espelho, espelho meu,
Dá pra você me responder
O que foi que me aconteceu?
De onde veio essa espinha, meu Deus!
E ela é minha!
E aquele casaco lindo
Que eu não tirava do corpo?
Nem passa mais na cabeça.
O meu nariz, que maldade!
Quero meu nariz de volta.
E esse desejo impertinente?
Não consigo mandar nele,
Até parece que é ele
Que manda sempre na gente.
Espelho, espelho meu,
Vou perguntar outra vez,
Me diz com sinceridade:
Isso é coisa da idade?

INTERATIVIDADE

Sempre eu

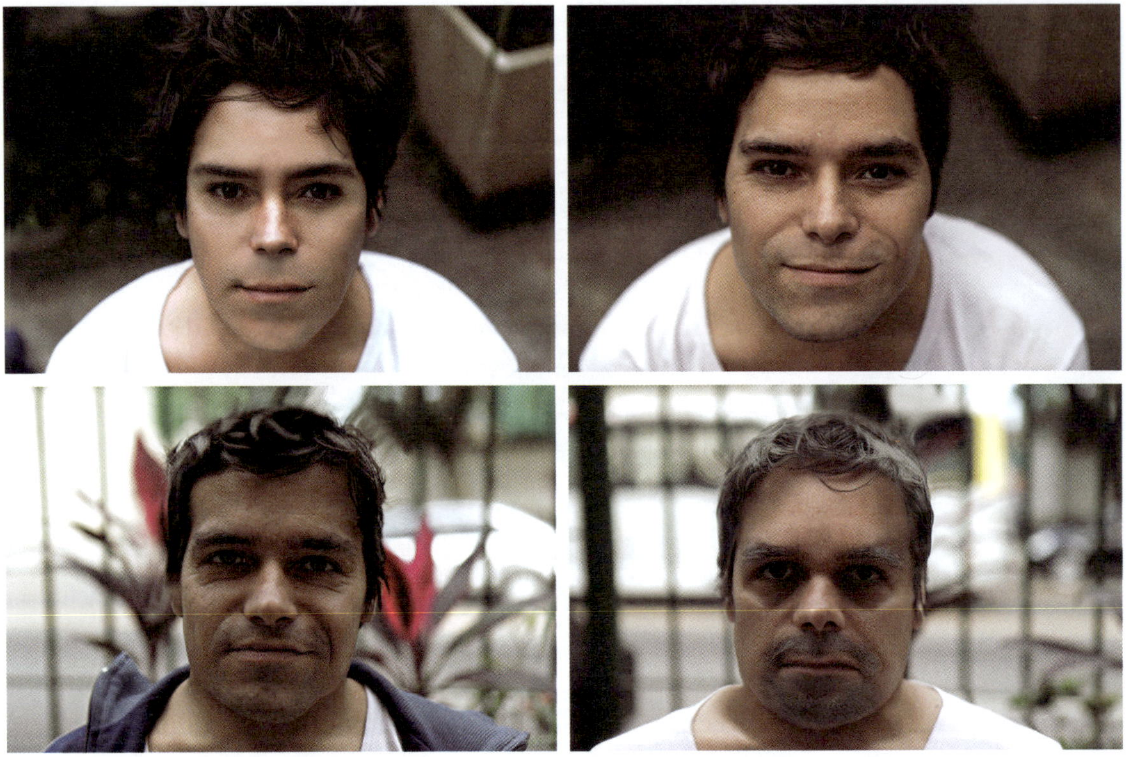

Como você se imagina nas várias fases de sua vida?

POR FALAR EM...

O espaço entre o fim e o novo começo

Será que eu sou gay?

O que faço com meu amigo que está vivendo drogado?

E se fosse eu?

Grávida?

Doente?

O que será que as pessoas vão pensar?

Essas coisas não acontecem comigo, só com os outros...

Um turbilhão de emoções, escolhas e questionamentos.

Não existem respostas prontas. Cada caso é único. Por isso a vida é sempre surpreendente.

E é nessa hora que cada um afirma sua individualidade, sua singularidade, define seus gostos e maneiras de ser e pensar e marca sua diferença em relação às outras pessoas.

Podemos dizer que somos uma mistura dinâmica daquilo que pensamos que somos mais o que queremos ser e mais o que os outros pensam de nós. Por isso, os jovens dão tanta importância ao que os outros vão pensar disso ou daquilo.

Embora nunca se completem, esses três aspectos se influenciam, fazendo com que estejamos em constante processo de mudança, crescimento e aprendizado.

É o que chamamos de viver.

Fim da terceira jornada

Hormônios, neurônios, sexualidade, transformações, crises, celebrações, ritos de passagem, sensações de toda a natureza, crenças, descrenças, tudo isso e mais muitos outros issos e aquilos têm endereço: o nosso corpo.

E ele, o nosso corpo, todo dia está diferente. Nossas células se renovam constantemente. Vale a pena tentar entender melhor o que se passa com ele, ouvir seus pedidos e recados.

Que tipo de cuidado ele está me cobrando? E eu, será que estou exigindo muito dele? E meus hábitos, será que me fazem aproximar ou afastar do que eu quero para mim?

Nossa vida, nosso corpo, com tudo o que ele possa representar, nossa jornada: tudo é muito pessoal... E intransferível.

POR FALAR NISSO – *links* e referências

Crescer, saber se cuidar, virar gente grande; não faltam livros, filmes, canções e *sites* que tratem de temas relacionados com adolescência, juventude, sexualidade, escolhas, conflitos, crises e tudo o mais que faz parte dessa jornada que estamos encerrando.

Separamos alguns títulos que podem ajudar a ter uma visão mais ampla sobre esses temas.

1. O corpo é o limite
http://www.saude.abril.com.br
A revista eletrônica *Saúde* traz informações para você cuidar melhor do seu corpo. Dicas e pesquisas sobre alimentação, exercícios físicos, prevenção e tratamento de doenças, estresse, estão entre os temas abordados pelas matérias da revista.

2. Revelações
As autoras Evelyn Eisenstein, pediatra, e Andrea Teixeira Matheus, psicóloga, respondem de forma franca e direta a questões que todo jovem tem sobre sexualidade, drogas, saúde, violência e muitos outros. Um bate-papo aberto que ajuda a esclarecer muitas dúvidas.
Leia o livro indicado: *Fala sério! Perguntas e respostas sobre adolescência e saúde*. Rio de Janeiro: Vieira & Lens, 2009.

3. Compartilhe

Além de classificar os tipos de adolescentes (gregários, delinquentes, toxicômanos, enfeiados e barulhentos) e encarar temas como uso de drogas, violência e sexualidade, Contardo Calligaris apresenta em seu livro esta fase como típico produto da sociedade moderna, em que até mesmo os adultos querem cada vez mais se parecer com os jovens.
A adolescência. São Paulo: Publifolha, 2000.

4. A palavra é... CRISE

No filme *As melhores coisas do mundo,* o universo adolescente é observado de forma ampla e mistura discussão sobre amor, sexualidade, virgindade, depressão, AIDS, drogas e até suicídio.
Filme: As melhores coisas do mundo. Gullane WBros, 2010. Diretor: Laís Bodanzky. Elenco: Francisco Miguez, Fiuk, Caio Blat, Paulinho Vilhena, Denise Fraga e Gabriela Rocha.

5. Outras palavras

https://www.vittude.com/blog/disturbios-alimentares-causas-sintomas-tratamentos/
Anorexia e bulimia são distúrbios psicológicos que merecem atenção, por envolverem autoestima, alimentação e a saúde do seu corpo. Este *site* traz informações, pesquisas, dados sobre tratamentos, depoimentos e muito material para ajudar a entender e lidar com essas doenças.

6. Sempre eu

É difícil imaginar como seremos no futuro. Envelhecer significa encarar a realidade de que não somos imortais. Mas e se nascêssemos velhos e fôssemos ficando mais novos ao longo da vida? As angústias seriam diferentes? No filme de David Fincher, Benjamin Button é um bebê que nasce velho e rejuvenesce, enquanto todos ao seu redor envelhecem. Acompanhar sua vida faz pensar sobre as mudanças pelas quais passamos, o tempo, a vida e a morte.
Filme: *O curioso caso de Benjamin Button*. Warner Brothers, 2009. Direção: David Fincher. Elenco: Brad Pitt, Cate Blanchett, Julia Ormond

MENU

IGUAL OU DIFERENTE?

Quantos mundos cabem num só mundo?
Quantos dias cabem num dia?
Onde encontrar a felicidade?
Qual a receita do sucesso?
Por que o tempo passa?
Posso mudar meu destino?
E se eu for o melhor?
Ou o pior?
E se eu não conseguir aprender?
E se eu for desleal?
Ou babaca?
E se eu sofrer?
E se eu virar celebridade?
E se me desencontrar dos amigos?
E se tudo der errado?
E se tudo correr como o esperado?
E se minha namorada me trocar por um amigo meu?
E se eu me apaixonar pela pessoa errada?
E se eu ficar rico?
E se minha vida virar novela?
E se a terra parar?
Se o sistema cair?
E se eu virar músico?
Por que existe o medo?
Por que somos tão diferentes?
Por que tantas perguntas?
E se não existissem mais perguntas?

4ª JORNADA O mundo é meu, é nosso

DIÁRIO DE BORDO

Chega um momento em que não tem mais essa de ficar se desculpando, tá ligado? Não dá para mandar o time reserva.
É hora de ser o melhor que conseguir.
É aceitar as diferenças, respeitar a vida, se garantir, saber se colocar, fazer o que dá, reconhecer seus parceiros, se desviar das roubadas e aproveitar com garra as oportunidades.
Simples, né...? Agora, vai lá e faz.

Um mundo de possibilidades

O jogo da vida é como qualquer jogo:
num dia você ganha, no outro você perde.
Só que no jogo da vida
a pessoa pode ganhar e, mesmo assim, sair perdendo
ou perder e sair ganhando.

A concorrência é grande, mas as oportunidades são muitas também. O mundo é vasto e está cada vez mais ao alcance de nossas mãos. Entender e aceitar as diferenças, perceber e aproveitar as oportunidades, comprometer-se profundamente com a cidadania fazem parte da vida contemporânea. Nesta jornada, você vai encontrar histórias que vão tratar desses temas.

Chef Dora E Sua Equipe

Era um dia muito especial para a chef Dora. Seu restaurante tinha sido escolhido entre os dez melhores do mundo pela revista internacional mais conceituada do ramo.

Emocionada, Dora reviu em um segundo sua carreira e reuniu sua equipe para dar a notícia do prêmio.

"... Essa escolha é um prêmio a todos nós. Ninguém vence nada sozinho. O sucesso de um empreendimento depende de todos. Acredito realmente nisso, vocês sabem. Nossa equipe é nota 1.000."

Já eram mais de vinte anos de estrada. Tudo começou com um tremendo estresse.

"Reprovada, Dora? Nós aqui fazendo esforço pra você ter uma boa formação e você nem aí..."

"Foi mal..."
"Foi mal...?"

A repórter da revista achou que Dora estava curtindo com a cara dela quando a chef começou a contar sua história.

"É, foi assim mesmo que comecei a me interessar pela culinária... Como não queria mudar de escola, propus contribuir com parte do pagamento das mensalidades e comecei a fazer doces que vendia no recreio ou em festas. Deu tudo certo e eu me apaixonei pelo trabalho com comida. Estudei, viajei, ralei muito e hoje fico muito orgulhosa de ter meu trabalho reconhecido."

Dora sabe que reconhecimentos, prêmios e tudo o mais vêm como consequência do trabalho.

"Você tem que fazer seu trabalho benfeito, com amor e respeito ao seu cliente. Isso é que é importante." E para que isso pudesse ocorrer a chef Dora sempre cultivou o espírito de equipe.

"Cada um tem que desempenhar bem o seu papel: quem lava prato, quem cria o cardápio, quem faz o molho, quem recebe os pedidos, todo mundo é importante. Se um de nós falhar, compromete o trabalho de todos. Por isso cada um deve fazer sua parte e colaborar sempre com todos... Ninguém faz nada sozinho."

A festa foi animada e durou até o dia seguinte.

"Aproveitem, que hoje é por conta da casa."

Amigos

PAULO É MEIO NERD...
4=
+√5' +x
θ =△+
□ x Log
x 1295¹³
3.068.99
≅ f=
LIANA NASCEU SURDA...
MAS NÃO PARA DE FALAR.
MOEMA, AO CONTRÁRIO,
É TÍMIDA E RESERVADA.
OOOOOOOHMMMM
LÚCIO É SEMPRE O PRIMEIRO -
NOS ESPORTES E NOS ESTUDOS.
ADORA MÚSICA, MAS
NÃO LEVA JEITO...
OS QUATRO SÃO AMIGOS INSEPARÁVEIS...
... APESAR DAS DIFERENÇAS...

... OU ATÉ POR ISSO MESMO!
PAULO, POR EXEMPLO, AJUDA LIANA EM SEU SITE VOLTADO PARA PESSOAS COM DEFICIÊNCIA.
O AMBIENTE VIRTUAL, ALIÁS, ACABOU APROXIMANDO AMIGOS DE AMIGOS DE TODOS ELES.
ADORARIA ENTRAR PRO CORAL, MAS ACHO QUE VOCÊS VÃO TER PROBLEMAS.
CONVIVENDO E SE CONHECENDO CADA VEZ MAIS ELES APRENDEM A RESPEITAR TODA ESSA DIVERSIDADE.
ETNIAS, ESTILO DE VIDA, VISÃO POLÍTICA, ORIENTAÇÃO SEXUAL, GÊNERO, CONDIÇÃO SOCIAL...
... NESSA GRANDE MISTURA CHAMADA... BRASIL.

O CIRCO

"É tudo uma questão de oportunidade", afirmou Joana.

"Certo, mas como perceber a oportunidade?", quis saber Mariano.

"Na hora a gente sente, mas é preciso estar lá, na hora e no lugar."

Mariano pegou o ônibus pensando na história que sua tia "rica" tinha contado.

Na verdade, Joana não era rica, mas tinha uma boa situação financeira, conquistada com muita dedicação e alguns sacrifícios.

Joana nasceu no interior, em uma época em que as "oportunidades" eram poucas.

"Mulher, então... embarrigava cedo e passava o resto da vida cuidando de filho, marido, porco, galinha, cabrito, roça. Minha mãe adorava aquela vida, mas eu não me via no lugar dela."

Joana queria estudar, curtir outras. Escrevia bem, era ótima em contas e tinha muitos sonhos. Todos longe dali. Mas quando pensava em se afastar da família, seu coração ficava apertado.

O sonho podia esperar. Já estava com 20 anos, as irmãs mais novas todas de casamento marcado. Ela se desviou o quanto pôde daquele caminho. Até que não deu mais: "Apareceu um homem que queria casar comigo. Fazendeiro, de boa família, viúvo. Conversou com meu pai. Deixaram tudo acertado".

"Você tirou a sorte grande, minha filha", foi dessa forma que ela ficou sabendo do próprio noivado.

Para ela significava o fim das ilusões. Joana só conseguia chorar. Chorava de manhã à noite.

Até que acendeu uma pequena luz no fim daquele túnel de tanto sofrimento: um circo de passagem pela cidade.

O pai levou a filharada para assistir ao espetáculo. Queria ver se colocava um sorriso no rosto de Joana. E não é que conseguiu? Os olhos de Joana sempre brilham diferente quando lembra desse dia.

“Fiquei tão empolgada que fui falar com os artistas. Era essa a vida que eu queria. Por isso que eu digo, a gente sente a hora de dar o pulo do gato.”

O circo estava procurando alguém que pudesse ficar na bilheteria e também ajudasse com as contas. Era a oportunidade tão esperada.

“Nunca fiz isso, mas tenho certeza de que não vou fazer feio.”

Quando levantaram a lona e foram embora da cidade, ela foi com aquela animada trupe. E, para sua surpresa, com o apoio de toda a família, até do pai: “Vá com minha bênção, filha. Se quiser voltar, não se acanhe. Pra viver chorando pelos cantos, é melhor aproveitar a oportunidade e ir com o circo. Espero que você encontre seu caminho e possa ser muito feliz.”

Mariano achou linda a história da tia e ficou rindo sozinho.

“É tudo uma questão de oportunidade... Agora só falta encontrar o meu circo.”

Compartilhe

O que a gente pode aprender sobre essas três histórias?

CHEF DORA E SUA EQUIPE

Toda adversidade pode ser transformada em uma história de sucesso. E toda história de sucesso se escreve com muita entrega, determinação, talento e outros ingredientes. Estamos falando de superação e de união. Soma de esforços. O que é necessário para se superar? O que é preciso para ter sucesso?

Se liga nessa:

- oportunidade
- trabalho em equipe
- objetivos e metas

AMIGOS

O Brasil é o país da diversidade. Foi assim que a sociedade brasileira se formou. Muitos temas são polêmicos, afinal diversidade é assim mesmo e precisamos entendê-la melhor para podermos nos respeitar. O que diversidade significa para você?

Se liga nessa:

- diferenças
- democracia
- amizades virtuais
- formadores de opinião (pessoas conhecidas pela grande mídia)

O CIRCO

O mundo atual é muito competitivo, mas também é cheio de oportunidades. Você precisa saber reconhecê-las e aproveitá-las. Mas o que é mesmo oportunidade? Como estar bem preparado? É mais difícil para as mulheres conquistar oportunidades?

Se liga nessa:

- hora e lugar
- razão e emoção
- risco e segurança
- ascensão profissional

COMPARTILHANDO...

Convidamos a socióloga e educadora Angela Randolpho Paiva, professora do Programa de Pós-Graduação do Departamento de Ciências Sociais da PUC-Rio e autora de diversos livros, para compartilhar conosco esses temas que têm sido alvo de seus estudos e sobre os quais ela tem muito a nos dizer.

SLN: *Como funciona o "sistema" que cria e distribui a riqueza da sociedade? O que um jovem pode fazer para inserir-se nele?*
Angela: As sociedades ocidentais modernas adotaram, há muito tempo, o sistema econômico que chamamos de capitalismo. Esse sistema variou muito de sociedade para sociedade: algumas delas conseguiram fazer uma distribuição dos bens sociais mais justa, como é o caso da França, da Alemanha, dos países nórdicos. Nessas sociedades, direitos sociais como saúde e educação foram universalizados há muito tempo e o princípio de igualdade dos cidadãos nesses países se tornou uma realidade mais concreta. Em países como o Brasil, a modernidade não trouxe a universalização dos direitos, que foram pensados para grupos específicos da nossa sociedade. Assim, o grande desenvolvimento econômico alcançado no século XX, especialmente entre as décadas de 1930 e 1970, não significou uma distribuição da riqueza da nação que era então construída, ficando o Brasil como um dos países mais desiguais do planeta.
A redemocratização do país trouxe esse desafio para os governos democráticos eleitos: tornar o Brasil um país com maior justiça social. Cabe aos jovens lutar por seus direitos e demandar que novos direitos sejam assegurados. É pela educação que os jovens podem realmente fazer parte do acordo social vigente. Desde a década de 1990, há grande preocupação em garantir uma educação mais universalizada e agora o desafio é fazer com que a educação pública seja de melhor qualidade. É com educação e acesso à informação que todos podem usufruir de sua condição de cidadão.

SLN: *Cultura, multiculturalismo e outras palavras parecidas definem uma realidade ampla com muitas etnias, crenças etc. Como definir a cultura hoje e qual a importância de reconhecer e conviver com as diferenças?*
Angela: Cultura pode ser definida como um sistema de significados compartilhado por grupos que se referem a ele. Esses significados representam os valores, os hábitos, as tradições, as artes, as instituições que são aceitos e cultivados em cada grupo. Em um país com vários grupos étnicos, esses significados são variados, ainda que todos estejam referidos a um mesmo Estado-nação. Assim, para que uma sociedade possa ser chamada de multicultural, ela precisa respeitar os diferentes significados de seus grupos. No caso brasileiro, isso significa respeitar as tradições indígenas, as afro-brasileiras e todas aquelas trazidas por tantas correntes migratórias, o que

requer o reconhecimento do valor dessas tradições e a possibilidade de que eles possam ser preservados. Isso é possível com educação e pelas leis que defendam os direitos culturais de todos os grupos.

SLN: *Como definir cidadania para um jovem que dá seus primeiros passos na vida adulta, em um país como o Brasil, onde as desigualdades sociais ainda são grandes?*
Angela: Cidadania pode ser definida como a condição que têm os indivíduos que pertencem a um Estado-nação de usufruir os direitos humanos aí consagrados. Assim sendo, a condição de ser cidadão depende do arranjo social e político logrado nesse Estado-nação. No caso brasileiro, cidadania é uma ideia muito esvaziada porque é usada por políticos com propósitos demagógicos ou por instituições que fazem puro assistencialismo. Mas não é isso: cidadania é a possibilidade de exercer seus direitos. No Brasil, onde há grande desigualdade, muitos têm uma cidadania bastante precária, uma vez que eles não têm a possiblidade de desenvolver plenamente suas habilidades e conquistar uma vida digna por meio dos direitos sociais, principalmente a educação, a saúde e o emprego. Para os jovens, isso significa se organizar em torno de demandas específicas, tais como acesso à educação de qualidade e oportunidade de emprego digno. Como o país ainda apresenta alto índice de desigualdade, é preciso que aqueles que não têm acesso aos bens sociais lutem para que eles sejam garantidos pelas instituições nacionais.

Glossário da entrevista*

Capitalismo
Sistema econômico em que a riqueza é produzida por indivíduos e não pelo Estado. É dominante no mundo ocidental desde o fim do feudalismo. O britânico Adam Smith, um dos criadores desse sistema, preferia chamá-lo de liberalismo.

Cidadania
Podemos dizer, de forma simples, que indivíduos são cidadãos de um mesmo país e compartilham direitos e deveres para a construção de uma sociedade que tem como objetivos básicos e justiça social, participação, pluralismo, solidariedade e desenvolvimento sustentado, em uma convivência pacífica e digna.

Estado-nação
Território que foi delimitado, que tem um Estado consolidado por instituições que orientam as condutas dos cidadãos em diversos níveis, seja no Executivo e no Legislativo (membros eleitos) ou no Judiciário. Essas condutas estão consolidadas em sua constituição. Assim, a configuração política é fundamental em cada Estado-nação. São importantes ainda outras instituições criadas continuamente para atender às necessidades e demandas dos cidadãos.

multiculturalismo

diferenças

variedade

A palavra é... DIVERSIDADE

multietnia

muitas possibilidades

dessemelhança

probabilidade

ocasião favorável

chance

A palavra é... OPORTUNIDADE

conveniência

ensejo

Diversidade, oportunidade e trabalho em equipe são palavras que podem significar muitas coisas. Observe de que maneira elas podem se ligar.

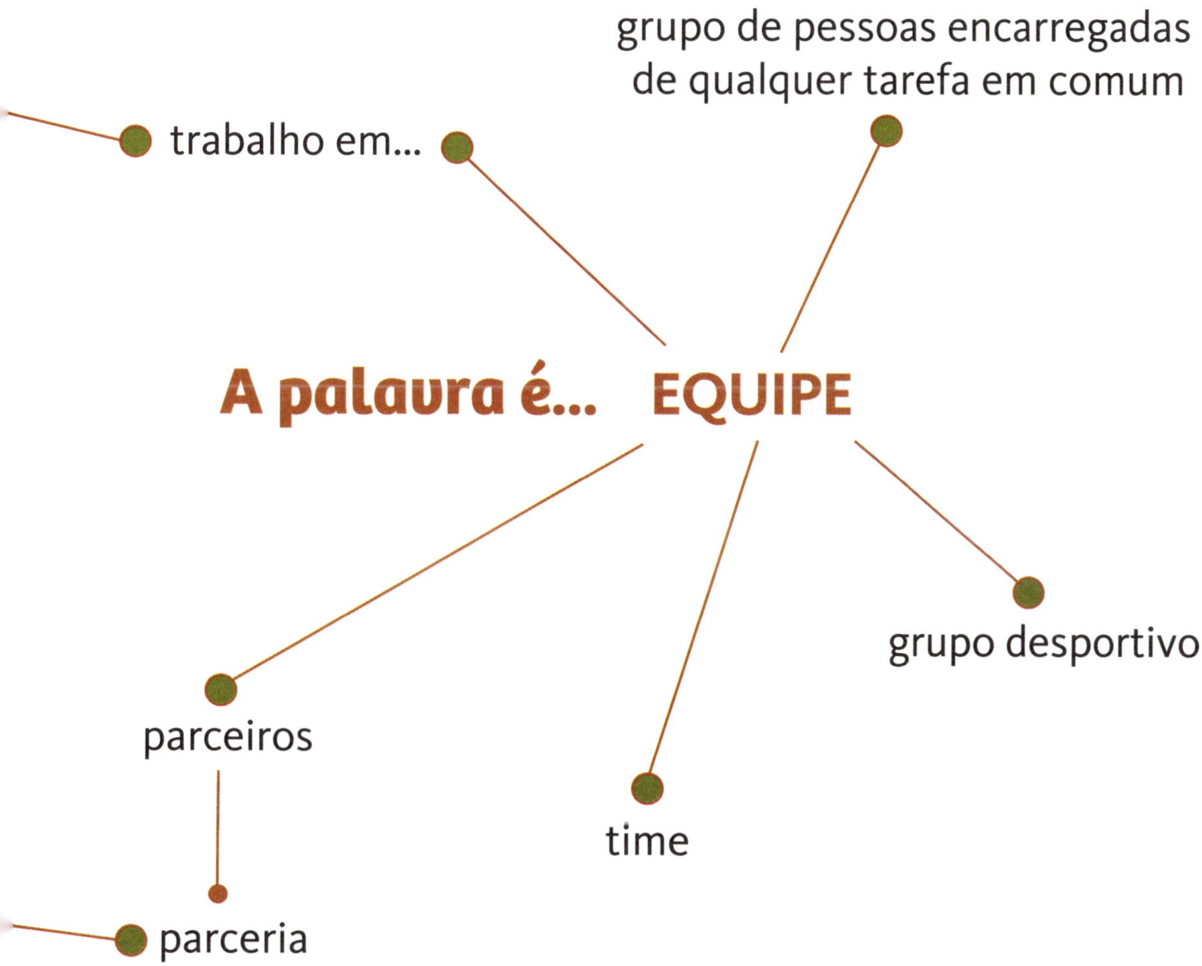

Outras falas

DEPOIMENTO

Januário Garcia é um fotógrafo renomado. Trabalhou com artistas como Tom Jobim e Caetano Veloso, faz exposições, tem livros publicados, é militante do movimento negro e usa seu trabalho para ajudar a causa. Sua história pode ser inspiradora...

Januário sempre quis ser fotógrafo. Aos sete anos, montou um projetor com uma caixa de mate, que aprendeu a fazer lendo uma revista.

Ficou órfão aos nove anos de idade. Em vez de ir morar com os tios, entrou de carona em um trem, saiu de sua cidade em Minas Gerais e foi parar, por acaso, no Rio de Janeiro. Chegou ao Rio com a roupa do corpo. Não tinha onde ficar. Era um menino de rua que engraxava sapatos e certamente enfrentou muitas situações difíceis e perigosas. Mas nunca caiu na marginalidade.

"Imagina... eu sabia que, onde quer que a minha mãe estivesse, ela ia ficar irada se eu fizesse besteira. Morria de medo!" (risos).

Aos 16 anos, foi para uma instituição que acolhia menores de rua. E de lá foi para o Exército.

"Eu não queria ser soldado. Eu queria ser fotógrafo! Mas sabia que era uma oportunidade, e aproveitei do melhor jeito que podia!" Virou paraquedista. Em uma época de muita turbulência política, resolveu sair do Exército e foi trabalhar fazendo faxina no Banco do Brasil. Continuou a estudar, fez concurso, subiu de cargo, foi aproveitando oportunidades.

O caminho em direção ao sonho de ser fotógrafo não foi fácil. "Nada é fácil, mas, em geral, nada é impossível. Eu tenho um jeito de me organizar quando tenho algum objetivo a alcançar: estratégia, políticas e ações. Por exemplo, a estratégia: para ser fotógrafo sabia que tinha que me aproximar ao máximo daquele universo. Aí, defini as políticas que eu tinha que adotar: estudar inglês, estudar História da Arte, conhecer gente. E ações pra fazer isso: estudar muito, comprar livros e revistas de arte, ir a museus e centros culturais..."

Hoje Januário é um profissional respeitado, um cidadão comprometido com causas sociais; seus filhos estão formados e ele vive cheio de novos projetos e convites. Januário explica, com simplicidade, o caminho para se chegar lá.

“Primeiro, você tem que ter um sonho, que vai te levar aonde você quiser – é a sua motivação. Segundo, tem que ter foco. Saber aproveitar oportunidades que vão te ajudar a chegar no seu sonho. O sonho tem que estar na sua cabeça o tempo todo. E, depois, tem que ter determinação. Meter a cara mesmo, correr atrás.”

Foto: Januário Garcia, Cúpula dos Povos, Rio+20, Rio de Janeiro, 2012

INTERATIVIDADE

Família e diversidade

Já foi o tempo em que todos entendiam que família era assim...

Pai, mãe, filhos.

Família hoje é um exemplo perfeito de diversidade...

Padrasto, mãe, filhos, enteados, pai, namorado etc.

É em família que se aprende a respeitar e a amar as outras pessoas.

COMO É A SUA?

POR FALAR EM...

Se me chamasse Raimundo!

Se fôssemos como as árvores, nossos problemas seriam bem menores neste "mundo, vasto mundo", como diz o poeta Carlos Drummond de Andrade. Bastaria estar em terra fértil, trocar energias diárias com o sol e curtir uma boa chuva de tempos em tempos.

A vida das pessoas é bem mais complexa. Para nos sentirmos felizes, precisamos bem mais do que precisa uma árvore.

O mundo exige de nós inteligência, ação, aceitação das diferenças, associações, sentido de oportunidade e muito, muito mais.

Como fazer, então?

Há muitos caminhos; cada um de nós tem o seu próprio. Vamos lembrar de alguns que podem facilitar a vida:

Expandir sempre o universo pessoal, buscar conhecimento, desenvolver boas relações.
Perceber-se cidadão, trabalhar por uma vida melhor para todos.
Entender o valor do grupo, saber trabalhar em equipe.
Agir de forma ética, reconhecendo direitos e deveres, seus e dos outros.
Criar associações produtivas, parcerias e participar de forma ativa do mercado de trabalho, aproveitando as oportunidades.

Não seria demais incluir outras preocupações como: "O que estou deixando para as gerações futuras? O que tenho feito pelo bem do planeta?"

Você está no mundo... Sorria!

Fim da quarta jornada

Uma velha canção nos diz: "O melhor lugar do mundo é aqui e agora". Nem sempre é possível concordar com ela, mas uma coisa é certa: o melhor lugar do mundo é a gente que faz. E não faz sozinho.

Sonhos podem ser pessoais, mas realizações, mesmo quando são individuais, sempre incluem outras pessoas. Um grande astro da música, por exemplo, precisa de outros músicos, agentes e de vários profissionais.

A jornada prossegue. Na volta, você traz em sua mochila novas descobertas, e o dia a dia nunca mais será o mesmo de antes.

POR FALAR NISSO – *links* e referências

Separamos alguns títulos que podem ajudar você a ter uma visão mais ampla sobre os temas desta jornada:

1. Um mundo de possibilidades

No livro *Invictus – conquistando o inimigo* (autor: John Carlin), Nelson Mandela vê, em um campeonato de rúgbi, a oportunidade perfeita de tentar unir uma África do Sul detonada pelo sistema do *apartheid*. Mandela faz negros e brancos superarem diferenças para ganhar o torneio e, assim, mostra que é possível ter esperança em um futuro melhor.
Livro: CARLIN, John. *Invictus – conquistando o inimigo.* Rio de Janeiro: Sextante, 2009.

No filme *O menino do pijama listrado*, quando a família de Bruno se muda para o campo, ele rapidamente faz amizade com o menino que mora ao lado, Shmuel. Seria a história de uma amizade como outra qualquer, mas estamos na segunda Guerra Mundial, Bruno é filho de um comandante nazista e Shmuel é judeu e mora no campo de concentração. As crianças do filme nos dão uma verdadeira lição sobre respeitar as diferenças.
Filme: *O menino do pijama listrado*. Miramax Films, 2008. Direção: Mark Herman. Elenco: Vera Farmiga, David Thewlis, Rupert Friend, Richard Johnson, Sheila Hancock, Jim Norton.
Livro: BOYNE, John. *O menino do pijama listrado*. São Paulo: Companhia das Letras, 2007.

Billy Elliot: quando você precisa provar para as pessoas que não tem problema ser diferente, e para isso precisa se superar? No filme *Billy Elliot*, Billy é um menino que tem paixão por balé. Mas sua família quer que ele faça aulas de boxe. Ele precisa se superar para mostrar que não tem problema um menino querer dançar.
Filme: *Billy Elliot.* Universal Pictures, 1999. Direção: Stephen Daldry. Elenco: Jamie Bell, Jean Heywood, Jamie Draven, Gary Lewis, Stuart Wells, Mike Elliot.

2. A palavra é...
No livro *O cidadão de papel: a infância, a adolescência e os direitos humanos no Brasil*, o conhecido jornalista Gilberto Dimenstein usa linguagem simples para situar como o Brasil trata dessa questão.
Livro: DIMENSTEIN, Gilberto. *O cidadão de papel: a infância, a adolescência e os direitos humanos no Brasil*. São Paulo: Ática, 1994.

3. Outras falas
No filme, conhecemos a pequena Olive Hoover, que tem o sonho de participar de um concurso de beleza. Quando finalmente sua inscrição é aceita, cada um da família supera seus próprios problemas e embarca em uma jornada de muita confusão para ajudar Olive a cruzar o país e conseguir participar do concurso. E você, o que faria para alcançar um sonho?
Filme: *Pequena Miss Sunshine*. Fox Searchlight Pictures , 2006. Direção: Jonathan Dayton e Valerie Faris. Elenco: Steve Carell, Toni Collette, Greg Kinnear, Alan Arkin, Cassandra Ashe, Abigail Breslin, Paul Dano.

4. Diversidade, oportunidade e espírito de equipe
http://www.brasil.gov.br
Declaração Universal dos Direitos Humanos: em 1948, logo após a Segunda Guerra Mundial, a então Liga das Nações (a ONU de hoje) elaborou um documento que aponta os limites entre o poder dos Estados e os direitos de todos os cidadãos do mundo. Desde então, a Declaração tem sido a base de muitas leis que regulam a sociedade e a proteção de seus cidadãos. No *site* do governo, você pode ler a Declaração na íntegra.

A PASSAGEM DO TEMPO

O tempo não é só esse que o relógio nos informa.

Se o jogo está bom ele passa depressa, mas se o seu time tem que segurar o resultado e o adversário não para de atacar... demora uma eternidade.

Ele – o tempo – é pessoal e intransferível.

Quando a gente volta de uma jornada, parece que nada mudou, parece que está tudo igual: as pessoas vivendo seu dia a dia como sempre.

Mas você mudou. Isso você sabe.
Ampliou horizontes. Viu tanta coisa. Passou a perceber coisas que antes nem reparava. Parece que o tempo "rendeu" mais.

Como se o tivesse capturado numa cartola de mágico, de onde sabe agora tirar lenços sem fim, pombos e coelhos. Fazer acontecer.

O tempo é a gente que faz.
Ou, se preferir: o tempo é o que a gente faz dele.

Mas... e o relógio?

5ª JORNADA

Conhecimento

DIÁRIO DE BORDO

Gente, estou voltando, espero ser recebido com aquele bolinho da vovó (todo mundo tem um bolinho da vovó, mesmo que não exista bolinho ou muito menos vovó).
Partir foi uma decisão. Voltar é inevitável. Toda jornada tem seu fim, mesmo quando é feita através de um livro.
A jornada me fez uma pessoa melhor, estou certo disso. Simples. O verdadeiro conhecimento transforma as pessoas, nos deixa mais preparados para a vida. A vidinha cotidiana: o trampo, as alegrias, as conquistas, as relações. É incrível ver que, para a gente se encontrar no mundo, é preciso buscar os outros, desenvolver relações, cultivar valores comuns, afetos.
Logo logo vou estar por aí batalhando o mercado de trabalho, encontrando meu espaço, construindo minha vida, exercendo meus deveres de cidadão, exigindo meus direitos, dando minha contribuição para que a vida seja cada vez mais justa e sustentável, em todos os sentidos.

Assinado: Eu

Despertar

Rebeldia ou descoberta do próprio potencial?

SLN: *Conhecimento é indispensável para que um jovem possa ser o protagonista de sua própria vida? Onde e como adquirir esse conhecimento?*

Hena Lemgruber:

A escola é um espaço essencial, pois ela reúne todo o material de aprendizagem que a sociedade nos oferece, mesmo com suas falhas e urgências em renovar as formas de transmitir o conhecimento.

protagonismo

É na escola que se começa a construir relações tanto com o conhecimento quanto com os colegas, é onde se aprende intensamente as regras de relacionar-se com o semelhante para além da família.

a escola

Com os avanços tecnológicos, ampliou-se e inovou-se a rede de relações, tanto no que se refere aos laços pessoais quanto ao alcance da produção e à aquisição de conhecimento.

tecnologia

Utilizar todas as referências à sua volta para com isso inventar, da sua maneira, algo que seja seu e que possa funcionar como seu legado para a humanidade.

o outro

Desejo revelado

Às vezes a vida da gente fica parecendo um labirinto e é difícil achar as saídas.
Mas uma coisa é certa: todo labirinto tem suas saídas; só nos resta encontrá-las.

Influenciamos e somos influenciados pelos outros muito mais do que, às vezes, percebemos.

SLN: *Sonhos, desejos ambições. Para alcançar nossos objetivos precisamos estar preparados. Como o senhor vê a questão da formação dos jovens, especialmente entre os que não podem deixar de trabalhar e pretendem continuar estudando?*

Jailson de Souza e Silva:

Para os trabalhadores, principalmente para os filhos de pobres, essa equação se torna, muitas vezes, muito violenta. É muito duro você trabalhar o dia inteiro e estudar à noite. Dentro do possível, se você pode se permitir ampliar o tempo de formação, isso é o ideal. Quanto mais tempo você tem para se qualificar, melhor.

tempo para a formação

Se você puder, desde o início, conseguir trabalhar numa área que te interessa... Uma questão fundamental para isso é você fazer o que gosta. Você tem que escolher coisas que deem prazer. Se ficar dedicado quatro, cinco horas por dia trabalhando e estudando em coisas que não te interessam, provavelmente você vai estar infeliz, estressado e vai estar cada vez mais incapacitado de dar significado à sua vida.

prazer de fazer

A graça da vida é que a gente pode dar significado a ela. E a dimensão do trabalho e da formação é fundamental para isso. Então, integrar essas dimensões faz com que você se sinta efetivamente vivo e construindo sua utopia pessoal de forma mais plena.

significado do fazer

ÉTICA

Certo ou errado? Evidentemente essa é uma pergunta muito ampla, cujas respostas variam caso a caso. O certo é que estamos sempre diante de um "certo ou errado?". Errado?

Certo. Na matemática da vida nem sempre dois e dois são quatro. Cabe a você decidir entre isso ou aquilo, escolher caminhos, medir as consequências de seus atos.

Diariamente nos vemos nessas situações que desafiam nossa consciência e põem à prova nosso senso de justiça, de honestidade, e exigem firmeza de caráter para agir de acordo com o que achamos ser o certo. Estamos sempre lidando com o que chamamos de ética.

Faça um pequeno teste:

1. Você vai ao cinema e encontra uma fila gigantesca, mas vê que tem um amigo seu lá na frente. Você se conforma em ficar no fim da fila correndo o risco de não conseguir comprar entrada para aquela sessão ou pede que o amigo compre sua entrada, mesmo sabendo que isso poderá deixar sem entrar alguém que chegou antes de você?

2. Você encontra uma carteira cheia de dinheiro em um ônibus. Você tenta descobrir o dono e devolve com tudo dentro ou pega o dinheiro e abandona o resto?

Furar fila ou ficar com pertences alheios que tenham sido perdidos são pequenas transgressões éticas que ocorrem sempre, para as quais, muitas vezes, damos boas desculpas a fim de fazer o que nossa consciência sabe que "não está certo".

Mas o que torna uma decisão certa ou errada?
Segundo Gabriel Lacerda, em seu livro *Agir bem é bom*, "no dia a dia a distinção se faz em face de regras estabelecidas pela lei ou pelo costume do lugar em que se está e do tempo em que se vive".

Em todas as áreas da vida a ética se apresenta. O essencial é que a ética deriva sempre do respeito pelo outro.

Dicas

Um bom começo é seguir sempre a sua consciência.
Nunca prejudicar os outros ou tomar-lhes o que lhes é de direito.

Fazer o que tenha sido combinado com alguém.
Assumir a responsabilidade pelos seus próprios atos... E, até mesmo, se responsabilizar pelo que não nos diz respeito diretamente, mas que esteja ao nosso alcance e possa beneficiar as demais pessoas ou instituições.

Netqueta (etiqueta na internet)

Respeitar para ser respeitado e tratar os outros como gostaria de ser tratado.
Evitar palavrões.
Apesar de compartilhar apenas virtualmente um ambiente, ninguém é obrigado a suportar ofensas e falta de educação.
Evitar enviar mensagens curtas em várias linhas.
Não enviar mensagens exclusivamente em maiúsculas, grifos exagerados ou em HTML.
Usar pontuação. Ler um texto sem pontuação, principalmente quando é grande, abre a chance de ele ser mal interpretado.
Não interromper o assunto tratado pela outra pessoa.
Procurar ser o mais claro possível para não gerar confusão.
Sempre se despedir da pessoa com quem está "falando".
Em fóruns e listas de discussão, deixar o papel de moderador para o próprio moderador.
Procurar evitar o uso de palavras em desuso e do "internetês".
Não copiar textos de *sites* ou qualquer outra fonte que possua conteúdo protegido por registro e que não permita cópias. E sempre, mesmo com autorização de cópia, cite as fontes quando utilizá-las.

Crise e crescimento

Eu me amo, eu te amo.

"Quem ama cuida."
(popular)

Dicas da Dra. Evelyn Eisenstein para manter e cultivar a saúde

Para cultivar a saúde, é preciso aprender a gostar de si e a tratar com mais cuidado o principal guia que é, ao mesmo tempo, a melhor bússola de cada um na vida: o corpo saudável.

saúde

Manter sempre uma porta aberta para o diálogo, para a busca e a troca de informações, em conversas francas e verdadeiras com os amigos, os pais e os educadores.

diálogo

Sempre procurar a ajuda profissional de um médico ou psicólogo ou agente comunitário de saúde quando os problemas forem angustiando ou complicando o prazer de viver com mais energia, com mais alegria e com mais paz e saúde!

ajuda profissional

A palavra é... CONHECIMENTO

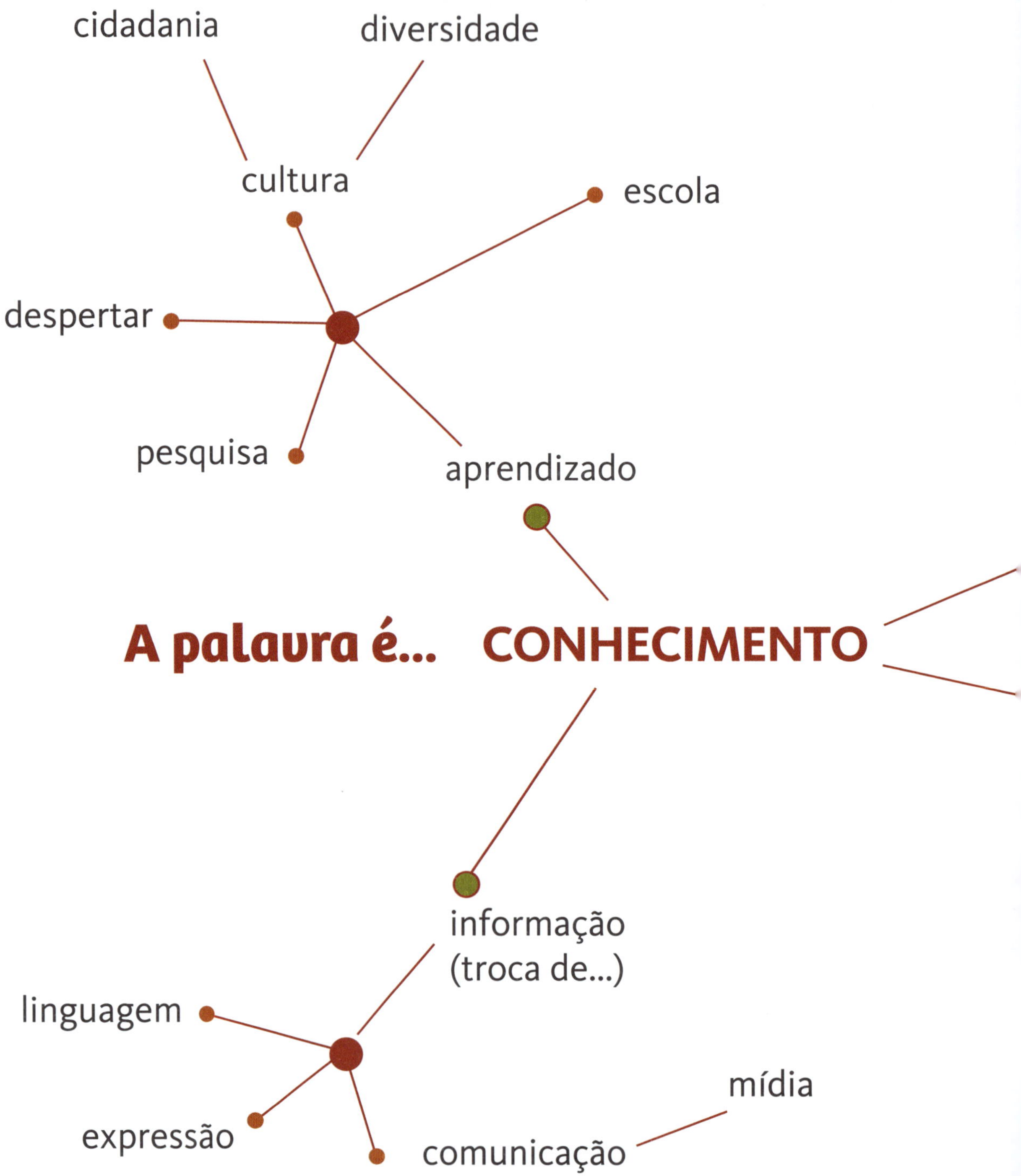

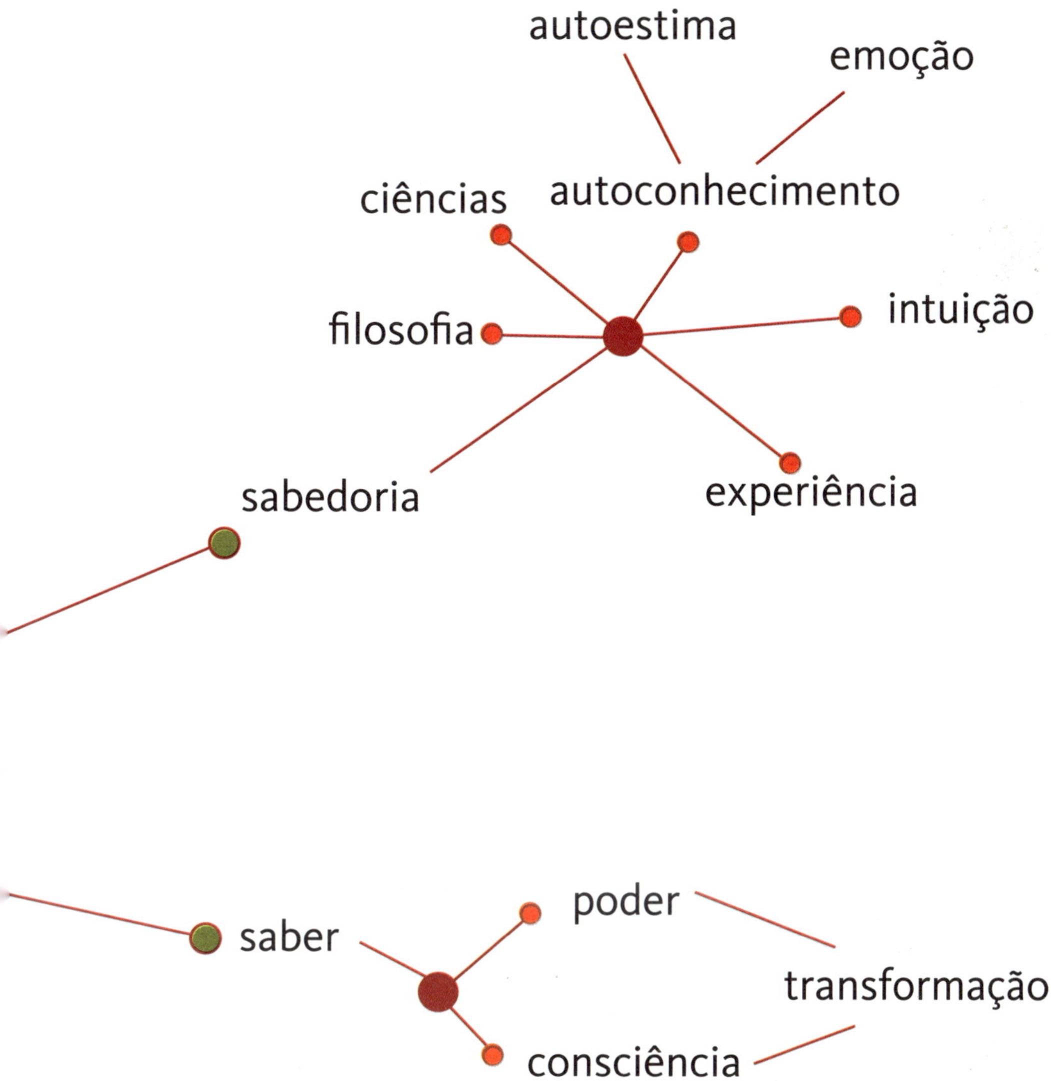

Conhecimento tem muitos significados. Além disso, é palavra-chave em nossa jornada. Nesta árvore gráfica, posicionamos outras palavras que direta ou indiretamente têm a ver com CONHECIMENTO. Procure entender as conexões apresentadas. Pensou em uma outra palavra ou ideia? Se for o caso, acrescente outras. Que aspectos da palavra CONHECIMENTO são prioritários para você? Você seria capaz de criar algum jogo a partir deste esquema?

A palavra é CONHECIMENTO... Aproveite!

O mundo é meu, é nosso

O mundo não tem lugar marcado.
É de todos, é de ninguém.
Apesar de ser um só, em um mundo cabem muitos mundos.
Sete bilhões de pessoas, quantos bilhões de sonhos?
Quantas decisões tomadas a cada minuto?
Diversidade, oportunidade, cidadania, transformações...
O mundo é nosso. Mas... qual deles?

SLN: *Como o jovem cidadão pode e/ou deve exercer seus direitos e deveres e quais seriam prioritários?*

Angela Randolpho Paiva:

Os jovens sabem que, para ter a realização efetiva de sua cidadania, é preciso que os direitos sejam assegurados. Porque cidadania é o direito de ter os mais variados direitos.

desafio

Os jovens devem lutar pelos direitos sociais: por mais educação, saúde, emprego, transporte e lazer. E devem lutar sempre por seus direitos civis, ou seja, suas liberdades – de ir e vir, de pensamento, religiosa, dentre outras –, além de seu direito à defesa.

direitos

Este é o grande desafio: fazer com que uma maior distribuição dos bens sociais seja concretizada, mesmo em um momento de retração desses direitos, como estamos vendo com a opção neoliberal do momento presente.

cidadania

A jornada agora é você quem faz

Para finalizar nossa jornada e passar a bola redondinha para você, vamos tratar de resumir alguns pontos.

Primeiro: para alcançar nossos objetivos, seja no mundo do trabalho ou em qualquer outra área da vida, precisamos estar bem com nós mesmos. As coisas podem estar difíceis, mas temos que confiar que elas vão mudar para melhor.

Mesmo que tudo esteja correndo bem, é indispensável traçar algumas metas pessoais e trabalhar para que elas se realizem.

Nada existe por acaso. Vitórias, derrotas, conquistas, superações, tudo faz parte de alguma história e geralmente colhemos o que plantamos.

Dizem que todo campeão costuma ter sorte, mas a gente sabe também que a sorte ajuda quem faz por onde.

Que tal criar, então, um projeto pessoal? Um planejamento para seu presente e seu futuro. E o futuro não é essa coisa tão distante. Pense bem, o futuro é apenas a sequência do que chamamos de presente. Quando nos damos conta, ele já chegou.

A CHAVE MESTRA

A chave que abre todas as portas do nosso desenvolvimento pessoal é a consciência de que a jornada não para nunca. O conhecimento, o aperfeiçoamento como pessoa, as descobertas, o prazer de viver têm que nos acompanhar sempre. É assim que nos qualificamos para as vitórias, superamos nossos limites, alcançamos nossos sonhos e nos contentamos com nossas realidades.

Podemos dizer que o desenvolvimento pessoal é o nosso destino.

COMO E ONDE ENCONTRAR A CHAVE MESTRA

O ponto de partida é a autoestima. Amar é cuidar, certo? Quem ama a si mesmo se cuida.

Cuida do corpo, da mente, das relações. Procura se informar sobre sua alimentação, cuidados pessoais, valorizar coisas simples como dormir bem, respirar, ler bons livros, estar informado.

Desenvolver a autoestima.
Toda jornada tem uma parte mental.
Não basta ser bom no que faz,
é preciso acreditar nisso.

Só depende de você com você mesmo:

Procurar aperfeiçoar suas qualidades.
Aprender a ouvir.
Aprender a ler e entender as situações.
Procurar ser criativo e usar a imaginação diante de questões do dia a dia.
Aprender com os erros e os acertos.
Saber saborear as vitórias sem esquecer que não se pode vencer todas.
Sempre estar se autoavaliando.
Saber gerenciar o próprio tempo: cumprir prazos e horários.

Depende de você com os outros:

Trabalhar em equipe
Compartilhar experiências.
Tirar dúvidas.
Prevenir erros.
Ser proativo.
Comunicar-se com o público.
Aproveitar oportunidades sem querer tirar vantagens dos outros.

Depende de você na sua relação profissional:

Entender os limites entre os seus valores e os valores da instituição ou das pessoas para quem você trabalha.

Ser bem-educado com todos.

Manter comportamento adequado.

Ter boa apresentação pessoal.

QUADRADO MÁGICO DA VIDA PROFISSIONAL

Atitude	Talento (jeito para...)
Nunca abra mão de sua cidadania ou dignidade. Entenda quem são seus parceiros e dê conta de seus papéis sociais. Aja sempre de modo ético.	Se você tem algum talento especial, invista nele. Saiba se valorizar.
Motivação	**Oportunidade de trabalho**
Sempre que possível, dê preferência às atividades que você curte. Procure viver de forma prazerosa.	Planeje sua carreira. Trace metas, veja onde você quer estar daqui a cinco anos. Determine o que você precisa desenvolver para chegar lá.

O quadrado que sugerimos chama atenção para quatro aspectos que devem ser considerados na hora de: investir na profissão, tomar decisões, buscar um emprego ou ter o próprio negócio.

O ideal é que você consiga equilibrar os quatro aspectos, mas em geral temos que priorizar algum deles.

O desenvolvimento profissional faz parte do desenvolvimento pessoal; portanto, é bom que você consiga estar sempre se renovando e se desenvolvendo.

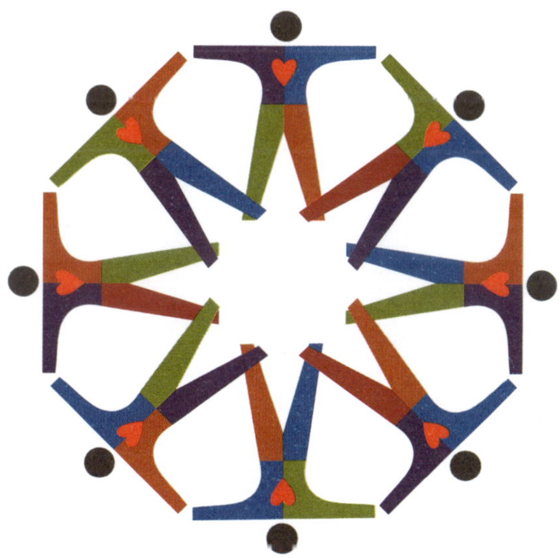

Fim da jornada

O poeta me disse pra eu olhar
O rio chegando ao mar.

Vê o que acontece?
Vê como ele se agita?
Como teme misturar seu corpo fluido,
Que tanto serpenteou por vales e montanhas,
Ao imprevisível oceano?

O poeta me avisa que é sempre assim:
Viver é seguir em frente.
Rios nunca retornam.
Quando a jornada chega ao fim
Uma outra se anuncia.

Não precisa ter medo.
Chegar ao mar é virar oceano.

Nossa jornada terminou.
Nosso rio agora se mistura com o mar das nossas vidas.
Você pode ir em frente e se arriscar,
Me disse o poeta.

O conhecimento é oceano,
Não tem fim.
A mente humana, quando se abre ao novo, cresce.
Nunca volta a ser como já foi.

ICONOGRAFIA

Fotos

Geraldine Pasztor, p. 17, 38, 41, 63, 86, 89, 91, 111, 116, 126, 132.

Januário Garcia, p. 107.

Júlia Rocha, p. 32.

Nepenthes, em *Wikipedia Commons*, "Road in the UAE", 12 dez. 2008, p. 113, 132.

Ilustrações

Bianca Arcadier, p. 22-23.

Daniel Becker Gnattali, p. 20-21, 37, 50-51, 58-59, 70-71, 96-97, 116, 118, 126.

Júlia Rocha, p. 17, 22-25, 30, 32, 41, 43, 46-49, 58-59, 63, 65, 73-75, 84, 86, 89, 91, 95, 98-99, 111, 113, 116, 118, 121-122, 126, 132.

Tetê Sá, p. 34-35, 69, 108, 131.

Este livro foi composto nas fontes Amazon, Bree, Comic, KlevitOT, Times
e impresso em papel off-set 90 g/m² no miolo e cartão supremo 250 g/m² na capa.